U0895049

本书受理论经济学省级重点学科资助出版

马 丽 著

环境规制对西部地区资源型产业竞争力影响研究

Research on the Impact of Environmental Regulation on Competitiveness of Resource-based Industries in the Western Areas of China

中国财经出版传媒集团

经济科学出版社
Economic Science Press

图书在版编目（CIP）数据

环境规制对西部地区资源型产业竞争力影响研究/马丽著．—北京：经济科学出版社，2017.10

ISBN 978-7-5141-8600-0

Ⅰ.①环… Ⅱ.①马… Ⅲ.①环境规划-影响-资源产业-市场竞争-研究-西南地区②环境规划-影响-资源产业-市场竞争-研究-西北地区 Ⅳ.①F121.3

中国版本图书馆 CIP 数据核字（2017）第 259978 号

责任编辑：杜 鹏 贾 婷
责任校对：徐领柱
责任印制：邱 天

环境规制对西部地区资源型产业竞争力影响研究
马 丽 著
经济科学出版社出版、发行 新华书店经销
社址：北京市海淀区阜成路甲 28 号 邮编：100142
总编部电话：010-88191217 发行部电话：010-88191522
网址：www.esp.com.cn
电子邮件：esp_bj@163.com
天猫网店：经济科学出版社旗舰店
网址：http://jjkxcbs.tmall.com
北京季峰印刷有限公司印装
710×1000 16 开 10.25 印张 190000 字
2017 年 10 月第 1 版 2017 年 10 月第 1 次印刷
ISBN 978-7-5141-8600-0 定价：49.00 元
（图书出现印装问题，本社负责调换。电话：010-88191502）

前　言

资源型产业在西部地区有着举足轻重的地位，但西部地区资源型产业竞争力整体不强，资源的利用效率低下，并且作为主要的污染密集型产业，给西部地区的生态环境造成极大的负外部性影响，严重制约了西部地区经济可持续发展的实现。面临经济全面转型的新常态时期，资源型产业该如何正确适应新形势的变化。目前，众多学者认识到了资源型产业产生的环境问题，强调产业开发与环境保护协调发展的重要性，但未能从环境规制的角度出发，研究国内环境规制实施给资源型产业竞争力造成的具体影响，也未对区域环境规制水平进行科学量化和评估，理顺二者之间的关系，这正是限制西部地区资源型产业竞争力提高的潜在约束。

本书综合运用环境经济学理论、竞争力理论、产业经济学、可持续发展理论，研究环境规制对西部地区资源型产业竞争力的作用和影响，探寻环境规制的传导路径和规律，掌握二者之间的内在联系，这对于提高环境规制的软实力，优化环境规制与产业竞争力的融合度，进一步提升西部地区资源型产业竞争力和实现区域可持续发展都有重大的理论和现实意义。

第一，本书在对国内外相关文献进行归纳梳理后，对资源型产业、环境规制、产业竞争力等概念给予了明确界定，并将西部地区资源型产业发展置于全国经济转型和节能减排的宏观形势下，分析其自身发展的现状和历史演变，指出西部地区资源型产业面临的严重问题和发展瓶颈，产业竞争力亟待提高的严峻性，为后续深入研究做好铺垫和找准现实依据。

第二，对影响西部地区资源型产业竞争力的因素进行理论分析，结合国内外研究状况和资源型产业发展特点，选取了六个重要的影响因素，即产业集聚度、固定资产投资、劳动力投入、外商直接投资、科技研发以及市场化因素，剖析了环境规制对不同因素的间接影响机制，提出环境规制对产业竞争力存在补偿效应、抵消效应、人力资本挤出效应、资本积累挤出效应、FDI 区位选择效应、产业集聚效应、技术创新效应、市场效应，明确了环境规制的传导路径和影响方式。

第三，在对环境规制和产业竞争力概念清晰把握的基础上，选择合适的环境规制和资源型产业竞争力测度指标，建立合理的指标测度体系，对西部地区的环境规制水平和产竞争力状况分别进行考察和评价，结果表明：与所造成的高污染排放量相比，1998～2012年西部地区环境规制整体水平偏低，资源型产业竞争力出现不同程度的下滑，二者之间存在较强的关联性，环境规制的实施必然会给西部地区资源型产业竞争力造成深远影响。

第四，分别从区域以及行业的视角出发，建立多元面板回归模型，进一步验证环境规制对西部地区资源型产业竞争力产生的实际影响。一方面，区域实证得出环境规制与西部地区资源型产业竞争力存在“U”型的不规律变动轨迹，支持了“波特假说”理论在区域层面存在的合理性，但环境规制的正向效应与负向效应相抵消，区域层面环境规制对产业竞争力的改善作用不是很显著；另一方面，行业实证得出环境规制与产业竞争力之间出现线性递增或递减的变动趋势，没有遵从理论上的U型关系，环境规制的正向效应远超出负向效应，且正向效应的影响强度要大于负向效应，对产业竞争力有明显的推动作用。环境规制对资源型产业竞争力的作用和影响呈现出明显的区域和行业差异性。

第五，环境规制正效应和负效应并存的局面，均说明了“波特假说”出现是具备前提条件的，即拥有较高的人力资本和技术创新能力，而西部地区目前只有局部地区和行业具备这些条件，导致环境规制对产业竞争力的促进作用并没有在全部范围内实现。且环境规制对产业竞争力的作用途径较为复杂，其中市场化对产业竞争力的影响强度高于所有指标，这意味着产业竞争力的强弱并不取决于环境规制本身，而是取决于环境规制与其他因素的结合状态，是否有利于促进环境规制正效应的发挥，这种正效应的存在，有力地反驳了西部地区必然成为“污染避难所”假说，环境规制不会对资源型产业竞争力构成绝对的威胁和损害，只是总体上环境规制对西部地区资源型产业竞争力的影响关系还不稳定。

总之，“波特假说”虽然有合理性，但西部地区还缺乏产生的土壤，导致环境规制对产业竞争力的倒逼力量没有完全形成，而放松环境规制并不意味着西部地区资源型产业就能获得更多的比较优势，可能会陷入“资源诅咒”的陷阱。因此，当务之急是为环境规制倒逼机制的形成创造条件。本书依据环境规制的传导途径，就如何扩大环境规制的积极影响，遏制或减少环境规制对产业竞争力的消极作用，从环境、产业、区域三方面的提出解决思路，加快拓展资源型产业链，密切上下游产业联系，实行纵向一体化发展模式，促进产业竞争力提升的同时实现环境保护和区域可持续发展。

作　者

2017年10月

目　录

第1章

绪　论

1.1　研究背景及研究意义

1.1.1　研究背景

1. 环境规制的国际形势

随着全球气候变暖、世界经济转型，环境和经济问题越来越受到人们的关注，在经济发展的过程中不可避免地产生环境污染，环境质量又反过来作用于经济发展。改善和保护环境已经不再是单一地区或国家必须面对的课题，而是全人类共同面临的重大难题。1970 年，欧盟提出“环境无国界”的口号，推出与发展中国家展开环境合作的计划，1972 年在里约召开“地球峰会”后，针对生态环境的恶化及环境污染的跨地区和跨国际转移，世界各国政府都将经济与环境协调发展提上重要的议事日程，加强环境规制成为首选的治理方式。鉴于环境问题对全球经济、政治领域的影响日益深刻，环境规制逐渐成为经济学的研究热点，诸多颇具启发性的研究成果不断刷新人们对环境规制的理解和认识，提出高能耗、高污染的经济增长方式是导致资源浪费和环境恶化问题的根源，Krugman（1994）将这种粗放式的经济增长模式归结为不可持续性，由粗放型向集约型增长方式的转变是实现经济可持续发展的必由之路。因此，转变经济增长方式，走低污染、低能耗和高生产效率的发展道路是世界各国制定经济政策和发展战略的重要出发点。当前，受全球温室效应的影响，各国纷纷采取节能减排行动，这将会影响国际政治经济格局的变动，以气候变化和环境问题为主的环境规制将全面渗入全球事务中，各国围绕环境规制展开环境外交，欧盟凭借自身完备的政策体系，不断制定新的环境标准，抢占环境保护领域的制高点和话语权，并从中获取外部利益，引领全球的环境治理行为。2014年6月，首届联合国环境大会在肯尼亚首都内罗毕顺利举行，空气质量问题成为关注重点。同年12月在秘鲁召开了“联合国气候变化大会”，参会各国需在2015年制定并提交本国2020年后应对气候变化的行动方案，达成了“利马协议”[①]，发展中国家在日趋严格的环境保护形势下面临着巨大的环境压力。

2. 中国经济进入发展的新常态时期

2014年召开的中央经济工作会议，明确提出中国进入经济发展新常态，这也就意味着，中国经济在经历了30多年的高速增长之后开始进入中高速增长的“新常态”，经济发展的质量和效益成为这一阶段的核心内容。注重优化生产要素配置和提高资源使用效率，突出创新驱动和生态环境保护的重要性，新常态的到来深刻地揭示出中国经济发展阶段出现的新变化和新要求，经济发展形态和结构将趋于更高级、更合理化[②]。这也为中国未来发展提出了更严峻的挑战，面临着如何实现经济发展与环境保护的权衡问题，《中华人民共和国国民经济和社会发展第十二个五年（2011～2015年）规划纲要》明确提出，通过经济结构调整来转变经济增长方式，建设资源节约型、环境友好型的社会，并积极开展《环境保护法》的修订工作，《环境国际公约履约“十二五”工作方案》的出台，加强了环境保护的国际合作力度，中国的环境规制也逐渐趋于严格化。

西部地区属于全国经济欠发达地区，同时也是全国重要的生态屏障，作为西部地区经济支柱的资源型产业，却是地区污染排放的重要源头，给区域生态环境造成极大的破坏，使原本脆弱的环境基础更加恶化，而恢复生态环境的任务越发艰巨。据2012年国家林业局遥感监测数据显示，生态环境总体质量较差的区域主要分布在西北地区，其中内蒙古西北部、甘肃西部、青海西北部、新疆南部降水量较少，干旱情况加剧。水域污染状况，除地表水总体污染程度较轻外，部分城市河段污染严重，如云南昆明段及四川成都、自贡两段的长江流域城市河段、内蒙古巴彦淖尔段、陕西西安段的黄河流域的城市河段均呈重度污染化，西部地区环境恶化不仅影响西部地区的可持续发展，对区域产业的生存和发展构成了严重的威胁，也给全国的生态安全敲响了警钟。面对经济发展的“新常态”，西部地区如何正确认识“新常态”的发展要求，抓住“新常态”的发展机遇，更好地适应“新常态”，当前面临最重要、最根本的任务是

① 郇庆治．摒弃气候变化应对的“阴谋论”2014：生态主义走向“中国时刻”［J］．人民论坛．2015（1）：41－45.

② 新常态下的中国经济前景更光明［N］．光明日报，2014－12－19.

如何正确协调好经济发展与生态环境保护间的关系，保住经济发展与环境保护的“两条底线”①。

3. 西部地区资源型产业竞争力亟待提高

资源型产业能耗高、投入高、效益低、产出低、结构单一、产业链短、产品同质化严重，产业竞争力水平低下，且给环境造成明显的负外部性等问题，使得其陷入了发展的困境与瓶颈。资源型产业为经济发展所做出的卓越贡献与引起的环境问题严重比例失调，新时期随着国家整体环境规制力度的加强，资源型产业成为环境治理的重点领域，但资源型产业的发展不仅关乎地区经济增长，更关乎国家能源安全，为避免西部地区以牺牲环境的方式换取经济发展，必须从国家长远发展的战略高度对西部地区资源型产业竞争力问题进行重新审视。

（1）西部地区资源型产业竞争力偏弱。西部地区资源型产业主要兴起于计划经济时期，自然资源开发与重工业发展具有明显的地域性。全国有27.97%的资源型城市②、30%的典型资源型城市、25%的国家资源枯竭城市，45.33%的国家级矿业经济区都聚集在西部地区，在西部区域经济发展中占据着重要地位③，资源型产业问题显得尤为突出。资源型产业的发展主要是依靠丰富廉价的劳动力和国有资本的集中投入而迅速发展起来的，在计划经济低效率的管理体制下，凭借国家对自然资源的垄断地位和低成本优势，资源的开发及利用环节均存在着较大的浪费，企业生产活动受命于行政指挥和安排，资源型产品市场无法反映需求规律，产品价格难以反映出产品本身的真实价值，更不能反映出生态和环境造成的社会成本。国家对资源的垄断和控制，长期以来单纯追求产量和规模扩大的粗放式发展道路，而忽视对环境的损害和治理，且资源型产业发展对国家资本和行政权力的高度依赖特点，导致从业人员技能单一，竞争力提升缓慢，难以摆脱发展惯性，独立应对市场风险的能力有限。

（2）外部环境变化对西部地区资源型产业发展提出了新要求。随着新一轮西部大开发战略的实施，国家经济发展重心逐渐开始由东部向西部转移，西部地区有可能成为未来中国经济新的增长点。国家明确提出加强西部地区生态环境建设的主要目标，并着力将西部地区打造成国家重要的能源基地和资源深加工基地，以及战略性新兴产业基地，这给西部地区资源型产业发展提出了更

① 徐东良．适应“新常态”更需守住“两条底线”［J］．当代贵州．2014（28）：23.

② 国家计委宏观经济研究院．我国资源型城市经济结构转型研究［R］．2007：5－17.

③ 聂华林，李光全等．区域可持续发展经济学［M］．北京：中国社会科学出版社．2007：521－528.

高的要求。与此同时，在这一阶段国家经济面临着全面转型和战略调整，经济发展由注重速度和规模开始转向质量和结构，主张经济、环境和社会效益的统一，节能减排已成为经济发展的必然趋势。随着工业化和科技的迅速发展，给资源型产业也造成极大的冲击，围绕资源、资金、市场、人才等方面的竞争愈加激烈，发达国家的资源型产品已经逐渐向绿色、节能靠近，资源型产业所面临的外部环境已经发生了巨大改变，但西部地区经济发展缓慢，且资源型产业处于产业分工链条中低端，在地区保护下企业普遍缺乏环境和市场竞争意识，一味以降低环境标准的方式来弥补经济上的不足，这种仅以低廉资源和环境成本形成的比较优势，在经济发展中越来越显得不堪一击，可能会成为阻碍资源型产品进入国际市场的“绊脚石”，使西部地区资源型产业在未来市场竞争中处于被动地位，因此，必须要对资源型产业发展采取积极应对策略。

（3）提升西部地区资源型产业竞争力是地区经济可持续发展的有力支撑。资源型产业是西部地区经济的重要组成部分，也是国民经济的命脉，对其他产业起着重要的支撑作用。一方面，矿产资源的不可再生性，决定了资源型产业的生命周期非常短暂，妨碍了资源型产业可持续发展的实现，而矿产资源开采和加工对生态环境造成的破坏决定了产业规模扩张相当有限。唯有延长资源的开发周期才能最大限度地延续产业的生命。这就必然对产业的技术创新、产品研发、产业价值链的延伸、资源利用效率等提出更高要求，进一步提升产业竞争力；另一方面，西部地区资源型产业多分布于位置偏远的地区，资源型产业集聚主要表现为地理上的相对集中“扎堆”现象，产业集聚规模小、要素积累薄弱、自主创新能力匮乏等，难以发挥产业集聚效应与规模优势，制约了区域整体竞争力以及国际竞争力的提升。而且，资源型产业与其他产业的关联度低，以致对区域其他产业的带动性较弱，区域经济发展过度依赖资源型产业，导致产业竞争力水平低下，而且忽视环境保护的急功近利行为，使资源型产业发展的外部环境持续恶化。因此，资源型产业竞争力的强弱不仅直接关系到企业自身的发展壮大，更关系到西部地区经济的可持续发展能力。西部地区经济欠发达，财力有限，不能照搬发达地区的模式。对西部地区资源型产业竞争力现状进行科学评价和判断显得十分必要和紧迫，资源型产业发展只有立足于自身，结合西部地区资源的特点和优势，设计出符合西部资源型产业竞争力提升的具体路径和措施，将比较优势转化为竞争优势。

在此背景下，从环境保护的角度对西部地区资源型产业竞争力重新进行审视，研究环境规制对西部地区资源型产业竞争力造成的影响，探索“环境保护”与“产业竞争力增强”的协调发展道路，调整不可持续的产业模式是非常必要的，这对于推动西部地区资源型产业竞争力提升毫无疑问是一个重大课题。

1.1.2 研究意义

随着资源环境约束的不断强化，尤其在面对当今资源环境与全球气候变化的双重压力下，环境规制与产业竞争力关系问题逐渐跃进人们的视野。探寻西部资源型产业如何走出发展的困境，并在不影响产业竞争力的前提下降低环境负外部性影响，或者矫正产业的环境负外部性时提升产业竞争力水平。本书试图分析环境规制对西部地区资源型产业所造成的影响，探索适合西部地区特点的产业竞争力提升的路径，这对于西部地区乃至全国资源型产业竞争力的提升具有重要的理论和现实意义，而且在新一轮西部大开发形势下显得尤为重要。在当前中国面临经济转型的特殊时期，以及西部大开发的深度进行阶段，本书研究做出力所能及的贡献，对实现西部地区资源型产业可持续发展皆具有重要的理论和实践价值。

1. 理论意义

首先，进一步丰富了资源型产业发展的理论研究。实现资源型产业可持续发展是时代背景下的理论难题，研究对于完善可持续发展理论、资源型产业发展理论具有重要的理论价值。针对现有环境规制与产业竞争力的关系研究，学术界仍未达成一致意见，现有研究尚不完善，本书研究有助于更加清晰全面地了解二者的关系。且围绕西部地区资源型产业的系统研究尚未展开，考虑到西部地区资源型产业在全国具有一定典型性和代表性，所以对环境规制与西部地区资源型产业竞争力影响关系研究，弥补了环境规制理论和资源型产业理论，并针对西部地区资源型产业竞争力低下问题做了有益的探索和尝试。同时，将环境因素纳入到资源型产业竞争力的影响因素中来，不仅体现了环境影响对产业发展的重要性，也引导产业向绿色节能方向发展，研究视角较为新颖并紧扣时代主题，拓展了传统产业研究的理论空间，对于跨学科理论知识的应用和融合，起到很好的促进作用，具有一定的学术研究价值。

其次，为设计更加科学合理的政策提供理论依据。西部地区环境规制的制定起步较晚，且环境规制强度低于东部发达地区，执行环节还存在诸多问题，针对资源型产业发展国家也出台了相应的产业政策，这些政策均是从产业整体出发，难免与西部地区实际情况有所偏差，导致政策执行效果欠佳，甚至出现事与愿违的尴尬局面。为此，要促进西部地区环境与产业协调发展的双赢结果，应该从西部地区和产业自身特点出发，通过对环境规制与西部地区资源型产业竞争力关系的深入研究，掌握二者之间的内在逻辑关系，以及这种关系的变动趋势和潜在影响，才能制定出行之有效的环境、产业、区域政策，并使政策具有一定的前瞻性和预见性，最大限度地调动产业部门的积极性，将提高环境管理效率和产业发展相结合，对于西部地区资源型产业未来发展具有一定的理论指导意义。同时，本研究有助于为其他面临同样发展困境的资源型地区提供借鉴和参考，为推动全国资源型产业的可持续发展提供线索。

2. 现实意义

首先，有利于缓解产业发展与生态环境保护之间的矛盾。西部地区要守住生态与发展两条底线，资源型产业作为区域经济发展的支柱，具备一定产业基础和技术优势，其健康发展不仅关乎资源型行业的发展，更涉及国家能源安全，维持全国的能源供给[1]。随着西部地区整体地位的不断提高，对环境保护与产业竞争力之间影响关系的判断不仅关系到国家相关政策的出台，而且关系到西部地区产业竞争力的提高。通过对资源型产业特点和现状的分析，认识到资源型产业作为国民经济的基础产业，也是主要的资源消耗行业和环境污染大户，指出环境问题的历史和客观因素，西部地区固然要实行严格环境保护，但也不能只论环境保护而忽视产业发展，应该从片面追求环境保护的误区当中走出来，环境规制要与产业特点和发展周期紧密结合。当前西部地区资源型产业受到严峻考验，亟待在提升产业竞争力与环境保护之间找到寻找到一个平衡点。

其次，明晰环境规制与西部地区资源型产业竞争力的影响机制及传导路径。分别从产业集聚、固定资产投资、技术创新、外商直接投资、市场化等方面出发，研究环境规制对产业竞争力造成的间接影响，揭示出环境保护对产业竞争力的真实作用，指出环境规制对产业竞争力存在积极影响和现实路径，有利于纠正资源型产业部门对环境规制政策的抵制和逃避行为，引导对环境规制采取积极正确的态度，调整企业发展思路，避免西部地区走“先污染后治理”的弯路。证实了资源型产业与环境保护实现双赢的可行性，充分利用环境规制的契机提高资源型产业竞争力，对于资源型产业挣脱“三高”的发展模式，走上产业发展的良性轨道极具现实意义。

最后，实现西部地区资源型产业和区域经济可持续发展。国家对西部地区资源开发主要受“采西补东”的非均衡区域经济发展思想的指导[2]，实施了一系列具有标志性的工程如西气东输、西电东送、西煤东运等，产销东西方向长期分开的市场格局，给西部地区带来了巨大的副作用，削弱了西部地区的资源经济优势，加剧了西部地区资源的不可持续性和生态环境的恶化，扩大了东西部地区的经济差距，为逐步消除这种非均衡发展惯性产生的负面影响，西部地区必须注重自我发展能力的培养[3]。西部区域资源型产业竞争力整体水平下降，行业竞争力水平差异较大，种种发展问题突出，而资源型产业对整个区域经济有巨大的牵动作用，可谓牵一发而动全身，如何在新一轮西部大开发中，有所作为扭转西部地区经济增长的命运，提高资源型产业竞争力无疑是缩小东西差距的关键，为新一轮的可持续发展提供新思路和新动力，本书的研究成果对于西部地区和资源型产业的可持续发展都有一定的贡献。

1.2 相关概念界定

首先要对本书研究所涉及的主要概念进行科学定义，以期能更准确地把握研究对象，通过对现实问题的提炼和深化，形成所要研究的科学问题，使得后续研究能够紧紧围绕主要命题展开。

1.2.1 资源型产业

将资源型产业锁定为研究对象，了解其所涉及的具体部门是首要解决的问题。一般而言，概念界定要服务于研究内容，由于研究内容不尽相同，所以对资源型产业的理解和定义也会不同，国际上将资源型产业广泛地划分为：农业、林业、渔业、休闲业、能源和采矿业等一切以自然资源为对象的经济部门①。国内通常情况下将资源型产业分为广义和狭义之说，从广义角度讲，指依托自然资源进行开发利用的产业统称，包括矿产、生物、海洋、气候、土地等；从狭义角度讲，资源型产业是指矿产资源开发、初级加工及电力、热力生产和供应业三大产业，包括煤炭、石油、天然气、金属矿产、非金属矿产资源等不可再生性资源。本书所研究的资源型产业是指狭义上的概念[4]，并结合《中国统计年鉴》和《中国工业经济统计年鉴》对行业具体分类的标准，最终确定包括以下13个行业：煤炭开采和洗选业、石油和天然气开采业、黑色金属矿采选业、有色金属矿采选业、非金属矿采选业5个矿产资源开发类行业，石油加工炼焦及核燃料加工、化学原料及化学制品制造业、化学纤维制造、非金属矿物制品、黑色金属冶炼压延、有色金属冶炼及压延加工、金属制品行业7个资源加工制造类行业，以及电力、热力的生产和供应业（见表1－1）。显然，在资源型产业的生产要素构成中，自然资源占据着支配性的地位。目前，

① Department of Business and Economy，Maryland，Resource Based Industries http：//www. choose-maryland org/businesanmd/resource based inddustry/resourcebaced. html.

我国70%以上的农业生产资料、80%的工业原料、90%以上的能源皆来源于矿产资源[5]，足以说明资源型产业在我国社会经济发展中有着举足轻重的作用。由于矿产资源空间分布的非均衡性，造成资源型产业呈现出明显的区域性特点，使得地区资源型产业发展存在差异。

表1-1　　资源型产业的分类

<table>
<tr><th colspan="2">划分标准</th><th>具体内容</th><th colspan="2">产业部门</th></tr>
<tr><td colspan="2">国际</td><td>土地资源、森林资源、海洋资源、矿产资源</td><td colspan="2">农业、休闲业、林业、渔业、采矿业</td></tr>
<tr><td rowspan="4">国内</td><td>广义</td><td>矿产、生物、海洋、气候、土地资源</td><td colspan="2">依托自然资源进行开发利用的所有产业</td></tr>
<tr><td rowspan="3">狭义</td><td rowspan="3">煤炭、石油、天然气、金属矿产、非金属矿产、水资源等不可再生性资源</td><td>资源采掘类</td><td>煤炭开采和洗选业
石油和天然气开采业
黑色金属矿采选业
有色金属矿采选业
非金属矿采选业</td></tr>
<tr><td>资源加工类</td><td>石油加工炼焦及核燃料加工
化学原料及化学制品制造业
化学纤维制造业
非金属矿物制品业
黑色金属冶炼压延业
有色金属冶炼及压延加工业
金属制品行业</td></tr>
<tr><td>资源开发利用</td><td>电力、热力的生产和供应业</td></tr>
</table>

资料来源：作者整理

1.2.2　环境规制

1. 环境规制的定义

规制（regulations）也称为管制，最早对环境问题进行经济学理论分析的经济学家是马歇尔（Marshall，1890）[6]和庇古（Pigou，1920），马歇尔在《经济学原理》中首先提出了“外部经济”和“内部经济”概念，理论分析着重在于正外部性方面，与马歇尔不同的是，他的学生庇古在《福利经济学》中深入地论证了外部性问题，并指出了私人成本和社会成本的区别，建议以征税的方式来解决外部性问题，庇古税的出现为纠正环境负外部性提供了一种全新思路，也成为环境规制的指导性理论。罗纳德·科斯（Ronald Coase，1960）对社会成本问题给予了更深刻的认识，通过生动的例子分析了外部性的相互影响，认为对初始权利的界定直接关系到损失赔偿的归属上，外部性的本质其实是产权的界定问题，提出了著名的科斯定理，即在交易成本为零的情况下，产权制度的安排不会对市场效率产生影响，市场都是有效率的，从产权的角度出发提供了解决外部性的又一途径，这为引导运用市场机制解决外部性问题成为可能，但现实中交易成本不会为零的情况，使得理论本身具有一定的局限性。在这两种经济思想的基础上，泰坦伯格、鲍莫尔、奥茨等展开了传统环境规制的理论研究。公共选择学派代表人物 Buchanan 和 Tullock（1962）则是从公共选择研究视角出发，针对政府在处理环境外部性的所实施的行动进行了研究，认为政府官员在规制过程中完全应以公共利益最大化为目标。美国经济学家卡恩（A. E. Kahn，1970）《规制经济学：原理与制度》的出版，标志着规制经济学作为一门独立学科的问世，书中阐释了规制作为一种基本制度安排的本质及目的，体现了国家干预主义精神。之后，Stigler（1971）、奥利佛·威廉姆森（Oliver Willamson，1971）、植草益（1992）[7]、Spulber（1999）[8]等众多经济学家相继从不同角度对规制进行了界定，但都强调了环境的公共物品属性，认为环境问题是市场失灵的主要表现，应通过政府干预或市场力量来解决。国外对环境规制的认知是伴随着环境保护过程逐渐成熟起来的，自 20 世纪 70 年代起，随着西方社会经济的发展，人们开始将注意力转向生活质量和健康安全方面，并出台了相应的法律来维护健康（health）、安全（safety）和环境（environmental），即“HSE”，被称为“新的规制”，这也成为西方国家环境规制的开端。经过数十年的蓬勃发展，环境规制理论得到极大拓展，学者们对环境规制的定义和内含也逐渐在完善，但毕竟环境规制是属于一个新起研究领域，对环境规制的研究视角不同，导致西方经济学者们始终没有给出明确统一的定义。国内学者对环境规制的内含进行了重新划分，按照规制的主体、对象、成本及效率等对环境规制分别进行定义，同时也方便对不同类型的环境规制进行比较，了解环境规制演变的整个过程（赵玉民，2009）。本书认为，环境规制是为了纠正环境污染负外部性的制度总称[9]，包括环境保护的相关法律、行政法规、环境标准、环境政策等，以及对国内企业污染排放行为的管理和规制。

2. 环境规制的分类

目前，学术界对环境规制工具类型的划分尚未有统一的标准。日本经济学家植草益（1992）分为直接规制和间接规制两类，直接规制包括经济规制和社会规制，间接规制指不公平竞争规制。Bocher（2012）分为经济型、合作型、信息型、管制型四类。国际上最常见主要形式是命令控制型（CAC）和市场控制型（MBI）两种。此外，还包括一些非正式环境规制形式，如环境管理认证与审计、环境自愿协议、生态标签等。命令控制型环境规制是指以立法或行政手段确定环境规制的明确目标和标准，以行政命令的方式强制企业执行遵守[10]，并对违背标准的企业予以处罚[11]。命令控制型环境规制在世界各国的应用最为广泛，代表国家有美国、日本、德国及一些国家[12]；市场化的环境规制方式是以市场手段来影响排污者的行为决策，而不是通过直接限制排污者的行为[13]，常见的有环境收费或税收、许可证制度和押金、退款制度[14]等一些间接鼓励企业的减污行为。相比较而言，Atkinson（1988）认为前者的实行成本要远高于后者[15]，后者既能在很大程度上避免了信息不对称造成的成本损失[16]，又能对企业产生技术激励作用，促使其进行减少污染的技术革新以降低经济成本[17][18]。而又有研究者对于经济型的环境规制政策进行了细分，国内学者根据环境规制的特点和适用范围的不同划分为六种[19]，较为常见的主要是命令—控制、市场激励、自愿型等三种方式（见表1-2）。国内环境规制工具的转变是伴随着中国环境规制体制变革过程的，环境规制体制与一国的政治及经济制度有着密切联系[20]，由于中国经济体制的改革和变迁，使得国内的环境规制体制也受其影响经历了相应的转折和发展阶段，在不同的阶段所主张和侧重的环境规制方式有所不同。总体来说，国内的环境规制工具历经了四十多年漫长而曲折的发展历程后，逐渐由单一命令控制型工具向经济与技术等多元化工具转变，包括逐渐推行和实施的环境标志（1993）、ISO14000（1995）以及清洁生产和全过程控制（2003）等自愿型环境规制制度，使得现行环境规制体系逐渐变得丰富和成熟。由此可见，环境规制方式的不断更新和变革，是为了更好地服务于现实生活，也显示出环境规制机构责任和职能的转变，更体现了环境规制工具对于环境保护的重要程度。

表1-2　　三种主要环境规制工具比较

规制工具	类别	性质	执行成本	环境技术创新或改进程度
命令—控制型	环境管理或排污标准	强制约束性	很高	很小
市场型	环境收费、排污许可证、补贴、退款制度	强制约束性	较高	较高
自愿型	企业或行会与政府达成的协议、承诺、环保计划	非强制约束性	较低	较小

资料来源：薛伟贤，刘静．环境规制及其在中国的评估［J］．中国人口·资源与环境，2010，9（20）：70-77．赵玉民，朱方明，贺立龙．环境规制的界定、分类与演进研究［J］．中国人口·资源与环境，2009，19（6）：85-89．

其中，命令—控制型工具是以法律、法规和标准等形式存在，分为“事前控制”“事中控制”和“事后控制”三种类型，具有强制性约束力，作为一种重要的规制方式在环境政策中运用较为普遍，能使环境质量在短时间内得到立竿见影的改善。但由于目前关于环境规制的相关法律法规不配套，环境规制存在各种漏洞，降低了规制的效率，加大了执行难度，而且过于刚性的无差别化的环境规制标准，不仅对于企业还是地方，都缺乏较强的针对性，一定程度上抑制了技术创新的积极性，最终不利于环境问题的根本性解决。市场型环境规制方式则是以市场为基础引导企业的排污行为，以竞争压力促使企业提高生产效率和经济效率[21]，改变传统规制方式强硬的姿态，重视引导和激励的作用，让企业可以根据自身的污染成本和收益来决定理想排污量，为企业提供了充分发挥主观能动性的空间，从而使得社会整体污染状况趋于优化。从这个角度来讲，市场型工具是对命令—控制型工具的有力补充。自愿型工具旨在调动社会公众参与环境保护的积极性。

随着新时期环境污染的复杂性、严重性、紧迫性以及跨区域转移的特点，使得环境规制的标准逐渐提升，规制形式的选择也更加倾向于市场化和操作性强的工具，单一的规制工具已经难以应对众多的环境问题，新的规制工具会不断被纳入进来，只有将多种环境规制工具综合灵活应用，才能不断提高环境规制效率，实现环境保护的最终目的。

1.2.3　产业竞争力

1. 产业竞争力的定义

随着经济的全球化发展和各国对外开放程度的扩大，国家或地区竞争力的集中体现是产业竞争力，产业竞争力逐渐成为一国或地区经济发展的核心要素，也迅速成为学术界关注的焦点。然而，产业竞争力概念的多维性，决定了学者们必须从不同角度给予诠释。目前大致有以下六种观点：①国际环境学说，认为产业和企业的竞争优势取决于“国家环境”并构成了国家竞争力；②比较优势和竞争优势学说，产业竞争力是指产业的比较优势以及绝对竞争优势的总和；③综合生产力学说，能够提供有效产品和服务的能力，是产业的价格、供给、投资盈利能力的综合体现；④效率学说，产业竞争力主要体现出的是同类产业间的效率、生产和创新能力；⑤要素资源配置学说，产业竞争力通过对生产要素和资源的合理配置来维持的相对竞争力，强调了产业竞争力的市场表现形式；⑥区域环境学说，指市场竞争中该产业在国内市场上所占据的地位。以上六个方面体现了产业竞争力的不同内涵，学者们并未对其达成共识。

国外关于产业竞争力的理论研究最有代表性的是迈克尔·波特（Michael Porter，1990）从产业层面上研究国际竞争力，不同于以往侧重国家层面的研究，提出了著名的“钻石模型”理论，这在全世界范围内引起了强烈反响，成为产业竞争力理论的经典。美国是最早开始研究产业竞争力的国家，欧洲和日本也相继投入产业竞争力的研究队伍中，Siggel（1998，2001）充分认识到概念界定的重要性，对竞争力来源存在双边比较和多边比较、静态和动态、单一维度和多维度、决定因素和结果、确定和随机等多角度的理解，这将必然导致衡量竞争力的方法也有多角度的区分。Bolotho（1996）认为产业国际竞争力是最大可能的生产率增长，也有很多学者侧重于利润率的研究。国内学者也从诸多方面给出了产业竞争力的定义，认为产业竞争力是由区域比较优势和市场绝对优势共同组成（裴长洪，1998）。林毅夫、蔡昉（1999a，1999b）指出，只有依照经济比较优势来实施生产活动，企业才能最大化地创造经济剩余价值，提高产业竞争力。蔡昉（2003）将产业竞争力视为动态性概念[22]，产业竞争力应该为适应本国要素禀赋结构（林毅夫，2002）和市场环境表现出不断调整的过程，是产业整体资源配置状况及效果的展现，也反映了产业遵循比较优势的原理，最终处于竞争的有利位置，并进一步指出，任意国家和地区通过发挥比较优势均可以获得产业竞争力。随着产业竞争力理论研究的深入，学者们开始关注到产业竞争力的外在市场表现，认为产业竞争力是由产品的价格、资本盈利、生产效率等共同构成的综合竞争能力，既包括显性的产业规模、产业效率、市场占有率等，也包括潜在的资源禀赋、环境承载及人才支撑等可持续发展能力（盛世豪，1999），但实质上是产业在国际与国内市场追逐市场份额的外在结果（庞娟，2001），是特定环境下产业自我生存和发展能力的集中体现（周健，2001）。金碚（2003）将产业竞争力定义在自由贸易环境下，产业比他国同类产业提供更有效产品或者服务的综合素质。周燕等（2004）认为产业竞争力定义在国家层面太过笼统，企业层次过于细致，在产业层面上对比竞争力较有现实意义[23]。针对产业竞争力，国内外众多学者分别提出了“后发优势理论”[24]（林毅夫，2003）、“竞争优势理论”等。但是，张铁男等（2005）认为国内由于竞争力理论发展较晚[25]，其理论体系尚不成熟，在具体问题的研究上难以避免分歧和争议，需要在深度和广度上继续进行深入探讨。

综观现有学者对产业竞争力的定义，均是从不同的研究视角和立场出发，产业竞争力的定义因研究的侧重点和焦点不同而不同，这也就使其研究结论有质的区别。鉴于此，本书总结研究的产业竞争力具备以下特点：（1）综合性，基于产业是同类相近产品的集合，因此，产业竞争力不是就单一企业而言，而是所有生产相近或相互替代产品的企业整体，产业竞争实际上是以企业竞争的方式来体现，企业间相互竞争的有机结合构成了总体产业竞争力，产业竞争力优势恰恰是企业所有的竞争优势的集中体现。(2)周期性，由于产业发展具有鲜明的生命周期特征，使得产业竞争力表现出一定的阶段性，考察产业在市场竞争中的表现应从属于特定阶段，这也进一步说明产业竞争力是一个动态的调整过程，产业在竞争优势与劣势之间的不断调整变动，或者实现长期均衡竞争优势，最终状态取决于产业各影响因素的组合效果。(3)区域性，通过对产业竞争力概念的梳理发现，产业竞争力并非只体现在国际市场上，更应该体现在国内区域性市场上，不仅针对的是国际贸易产品，也包括非国际贸易产品。本书在后续章节中对产业竞争力的评价主要侧重于其外在市场表现，考察了产业通过市场对资源和生产要素的合理配置状况，是市场竞争相对关系的体现，因此，本书所研究的产业竞争力与要素资源配置说的定义相吻合。

2. 竞争力的分类

由于竞争力的概念比较复杂且又难以严格界定，目前基于不同研究层次和研究角度的差异存在较大分歧和争议[26]，还没有形成明确统一的定义。

(1)产业国际竞争力。国际竞争力概念是 1985 年由世界经济论坛(WEF)首先提出的，并在 1994 年对其定义为一国企业在国际市场上拥有提供相对其他竞争者更高质量和更低成本的产品与服务的能力，突出了企业的主体生产地位，国际竞争力属于微观层次的竞争力概念。但迈克尔·波特在其《国家竞争优势》一书中阐述了产业国际竞争力是指一国产业在国际市场上提供产品及服务的竞争能力，它是以产业的最终利润或利润率来反映的，显然将产业竞争力的研究重心定位在产业层面上。金碚(1996)则认为分析产业国际竞争力的首要任务是对其产品和企业“国籍”的清晰认定[27]，才能进行国际竞争的比较分析。通常情况下，Francis 和 Tharakan(1989)根据竞争主体和层次的不同，将国际竞争力划分为国家、产业、企业竞争力(产品竞争力)三个层次，分别代表竞争力研究的宏观、中观、微观不同层面，三个层次相互依托紧密相关，但国家竞争力并不是后两者竞争力的简单加总(金碚，2003)。由此可以看出，产业国际竞争力主要表现为在国际市场上的整体竞争能力，从而反映该国或地区在世界经济体系中的地位和国际分工的基本格局，属于相同产业的跨国性比较，随着产业的国际关联性加强，产业国际竞争力研究备受关注，也成为目前学术界科研成果颇丰的领域。相比较而言，产业竞争力是基于相同产业之间的比较，重点摸清特定产业环境下企业间竞争程度和强弱，显示出市场占有和赢取利润的能力。可见，无论是产业国际竞争力还是产业竞争力，其研究主体均落在产业身上，因此对区域或国家具备竞争力的产业识别是研究的共同切入点，当同一产业在不同区域或国家比较时，产业竞争力升级为产业国际竞争力，从这一点上看，二者属于同一概念①。另外，随着产业竞争力的研究越来越呈现外向型，不再拘泥于单一封闭的空间环境，国际化因素造成的影响越加深刻，促使产业竞争力趋向于国际化竞争优势转变。

（2）企业竞争力。波特（1980）认为产业内企业的竞争地位是由产业结构特征决定，企业只能通过产业介入来获得竞争优势。随后学术界对企业竞争力从不同角度进行研究，主要分为强调国家环境、强调产业特性、强调企业组织特性和战略三个流派[28]。Aiginger（1998）认为企业竞争力是一个动态的概念，动态竞争力的变动来源于技术及资本的积累。目前针对企业竞争力的研究主要停留在市场业绩的外部表现上。范晓屏（1999）认为企业竞争力是一个较抽象、综合性较强的概念，是企业为生存而争夺资源的状态与能力。其研究结构也应该从多角度多层次进行，而不能仅从单一层面、单一角度来简单定性。张华胜（2001）将企业竞争力与企业的核心能力相等同，企业通过技术创新才能获取这种核心能力。金碚（2001）将企业竞争力设定为企业持续向市场提供产品或服务的能力，并获得盈利和自身发展的综合素质。从根本上讲，企业竞争力其实是产品竞争力，企业竞争力的高低是通过产品市场份额体现的，所以对于企业竞争力的研究多倾向于产品市场，但李钢（2007）提出企业竞争力还包括要素市场竞争力、企业运营效率竞争力，而且这两方面的竞争力对企业而言更为关键。高彦彦等（2009）从微观层面来研究企业竞争力的内在决定因素，得出企业竞争力取决于企业在价值链上的位置及技术水平。随着国内外经济发展环境和竞争形势发生的重大变化，学者们对企业竞争力的内涵认识也在不断更新，李新创（2011）对世界钢铁企业的竞争力考察发现，当下企业竞争力不仅体现在盈利和对市场影响力方面，而更重要地体现在资源的掌控能力、降低成本能力、市场控制力和技术创新力等各个方面，提升了对钢铁企业竞争力的传统认识。

以上学者对企业竞争力概念的认知基本保持一致，并在前人的基础上进行不断拓展，但在具体影响因素和来源的分析上，又基于不同理论有着不同的认识，企业竞争力是构成国家和产业竞争力的微观基础。

（3）区域产业竞争力。区域产业竞争力代表在一个国家范围内特定区域环境下，产业在本国或区际市场上的竞争力（陈红儿和陈刚，2002），区域产业竞争力的概念突出以下三个特征：第一，区域成为产业竞争的环境载体。区

① 金碚．竞争力经济学［C］．广东：经济出版社，2003：32.

域产业竞争力显然是基于不同区域的产业相对竞争能力的比较，空间差异性构成了产业竞争力区别的基础，是导致产业发展差异化的根源，从而形成了产业赖以生存和竞争的基本环境。第二，突出了区域作为经济单元的重要性。区域在经济体系中扮演着重要的角色，无论区域大小，产业竞争力比较都必须落实到不同的区域内。区域经济是由不同产业的集合构成，区域经济活动的展开实际也是产业经济活动的进行，是产业利用区际条件形成竞争优势的过程。因此，产业竞争力水平高低直接关系到区域经济发展的质量优劣，从这个角度来说，产业竞争力与区域竞争力形成了高度融合和统一，区域产业竞争力最终依然落实到产业间的竞争上，产业竞争力无疑成为区域经济发展的核心（朱传耿等，2001、2002）。第三，强调了区域环境对产业发展的影响。区域生产要素组合或资源禀赋结构决定了产业效益和竞争力的大小，反过来产业具备竞争优势会强化对区域生产要素的合理配置能力[29]，从而实现产业效益最大化。区域因素关系到区域产业竞争力的强弱，产业竞争力的提高又支撑着区域经济的发展。

通过上述分析，发现产业竞争力和区域产业竞争力的基本内涵是一致的，对于产业国际竞争力和区域产业竞争力这两个概念，其研究范畴都包含了产业竞争力，只是所研究的侧重点和考察范围不同，前者是着眼于产业的国际化垂直分工比较，后者则是区域之间的横向比较。企业竞争力是构成产业竞争力的微观基础，产业竞争力的提高是建立在区域内企业竞争力提高的基础上，而产业竞争力的提高则有助于产业国际竞争力的提升，产业国际竞争力、企业竞争力、区域产业竞争力三个概念内涵与侧重点不同，却又彼此联系相互融合[30]，均体现了综合性、周期性、相对性的共同特点。同时，考察区域内的产业发展，将产业发展与区域经济发展的命运紧密结合，有利于进一步理解区域产业竞争实质和理顺区域产业竞争力的生成机制，思考如何培养区域产业竞争力才能使产业和区域的可持续发展得以实现的问题。

1.3 研究思路与研究方法

1.3.1 研究思路

本书在对现有环境规制与产业竞争力相关研究的归纳基础上，针对已有研究成果的不足和缺憾，就环境规制对西部地区产业竞争力的影响进行深入系统的分析，以资源型产业发展作为新的切入点，使得研究结论更有针对性和适用性，这正是本书的研究价值所在。本书没有孤立地分析单个企业及内部结构，而是从产业内部的所有同类企业以及产业间的作用关系，探讨环境规制对产业竞争力影响的形成与演进规律。在系统梳理环境规制对产业竞争力影响的基础上，建立适当的环境规制及产业竞争力评价指标体系，并紧密结合西部地区资源型产业发展现状和阶段性特征，分别构建省域面板数据和行业面板数据模型探寻环境规制如何通过产业集聚、固定资本投资、劳动力、R&D、FDI、市场化等要素传导机制直接或间接地影响产业竞争力，据此来分析区域（行业）产业竞争力增长或衰退的真实原因，判断区域生产要素配置优劣和产业竞争力的强弱。刻画出资源型区域和行业竞争力的变动轨迹，依此来确定合理的环境规制政策和制度安排，以达到将环境负外部性内部化，激励企业进行自主创新的意愿，从本质上提升资源型产业竞争力水平的目的。本书通过深入研究拟要解决的主要问题是：第一，环境规制究竟会对西部地区资源型产业竞争力构成何种影响，影响程度如何，弄清楚二者之间的真实关系，以免夸大环境规制对产业竞争力的负面影响，使产业部门产生消极情绪；第二，了解环境规制对产业竞争力影响的传导路径及方式，以及环境规制所引起区域和行业反应的差异化程度；第三，在处理资源型产业发展中的环境污染问题时，如何引导环境规制对产业竞争力的提升作用，遏制或消除环境规制对产业竞争力的抑制作用，区域、产业、环境政策各自该发挥怎样的作用。

本书研究的技术路线如图 1-1 所示。

1.3.2 研究内容与研究方法

1. 研究内容

第 1 章是导论部分，包括选题背景和意义、相关概念的界定、研究内容和方法、技术路线等的简单介绍。对主要指标做出科学界定，阐述产业竞争力和环境规制的丰富内涵，以便明确本书的研究主旨，提出要研究的问题，说明研究问题的必要性和可行性，形成对总体研究思路的初步印象。

第 2 章是对理论基础和相关研究文献的介绍和梳理，包括环境规制经济学原理、产业竞争力理论、环境规制与产业竞争力关系理论、区域可持续发展发展理论。在对前人研究成果归纳梳理的基础上，为本书搭建理论逻辑体系，以便为后续研究的展开提供理论支撑。

第 3 章是对西部地区资源型产业发展现状的分析。首先分析资源型产业在西部地区经济中的总体地位；其次从资源型产业规模结构、产业集聚度、行业

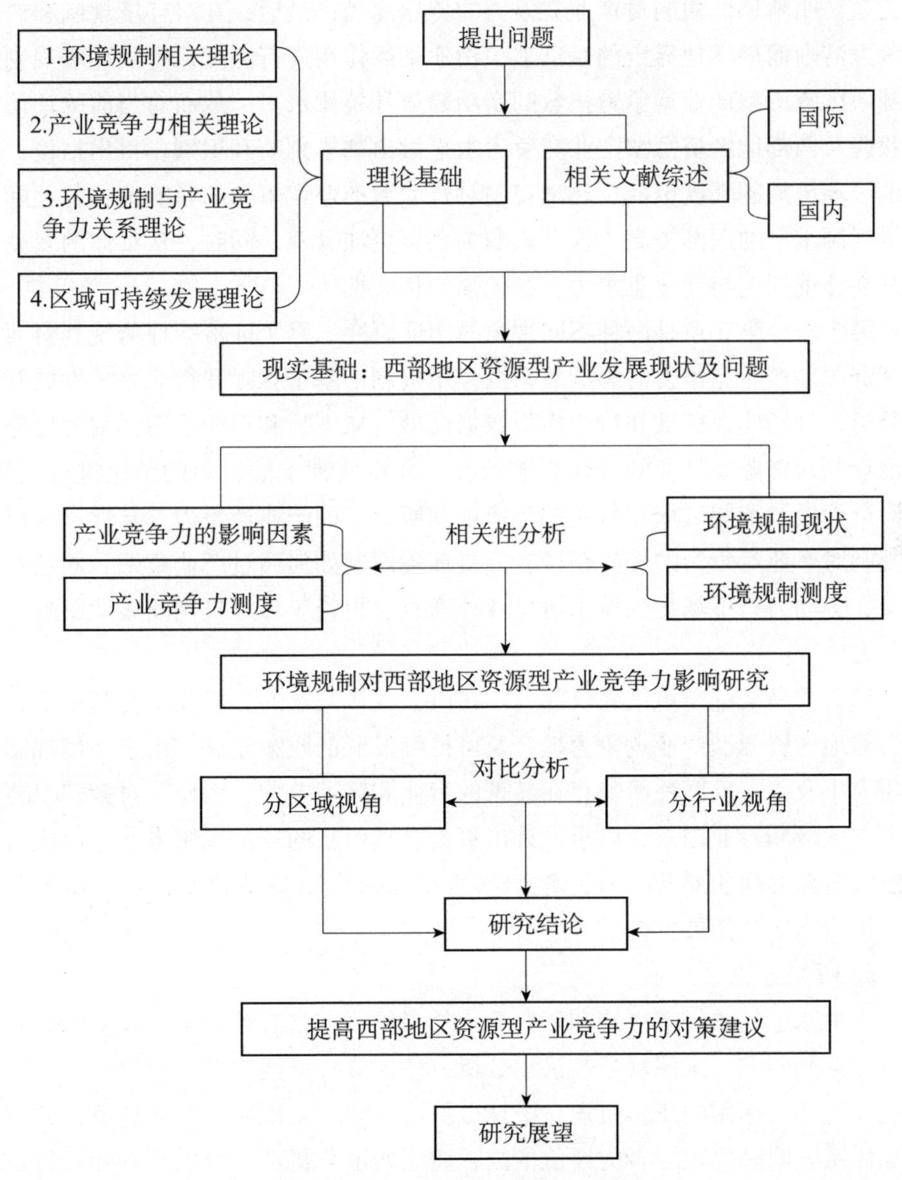

图 1-1 本书研究的技术路线图

结构、所有制结构、产业竞争力等方面分别进行考察，指出西部地区资源型产业发展中存在的严重问题及形成的客观原因。

第 4 章是对环境规制与产业竞争力的指标构建与测度。首先，从理论角度分析了影响西部地区资源型产业竞争力的构成因素；其次，就环境规制对产业竞争力的影响机制及作用途径进行了理论分析，厘清各要素与产业竞争力的相互关系，明晰环境规制对产业竞争力的传导途径；最后，在对环境规制和产业竞争力清晰而科学地界定的基础上，构建指标体系进行测度，得到环境规制及西部地区资源型产业竞争力指数的变动趋势和整体水平，从而对当前的环境规制状态及西部地区资源型产业竞争力水平做出基本判断和识别，得出结论，西部地区环境规制强度偏低，环境规制对资源型产业竞争力的影响偏弱化。随着环境规制水平的逐渐提高，这种影响关系会更加紧密。同时，从整体的变动趋势判断环境规制与产业竞争力存在较强的相关性。

第5章、第6章是两种不同视角的实证研究。以实证检验环境规制对西部地区资源型产业竞争力的影响关系及作用机制。基于省际和行业差异性展开实证分析，分别建立区域和行业面板数据模型，从省际和行业层面详细对比分析环境规制对资源型产业的具体影响状况，并将两种不同视角的结论进行比较，进而全面揭示不同区域和行业的环境规制所引起的产业竞争力差异性，探讨环境规制对产业竞争力的传导路径，分析环境规制如何通过产业集聚、固定资产投资、劳动力、市场化、技术研发及外商直接投资等传导机制间接地影响产业竞争力。

第7章是结论与对策建议部分。在以上各章翔实的分析及研究基础上，给出西部地区资源型产业竞争力提升及可持续发展的政策建议。由于环境规制的作用大小及正、反两种影响存在显著的行业和区域差异，因此，对策建议要充分考虑区域和行业因素，以求设计出更为合理可行的环境规制方案，以实现波特效应双赢的理想结果。在总结归纳所得的研究结论基础上，进一步查漏补缺，指出未来的拓展方向。

2. 研究方法

本书基于相关经济理论和研究方法的指导，在占有较为丰富翔实的研究资料及数据基础上，采用规范经济学分析方法探寻环境规制对产业竞争力的影响状况、传递及作用的逻辑机理；统计分析法构建环境规制与产业竞争力的测度指标体系，明确界定二者的评价依据；应用实证分析法，分别从省际和行业两个不同视角建立多元面板回归模型进行实证分析，力求全面深刻地解读环境规制对产业竞争力的影响程度和传导途径，试图揭示出区域特点和行业特征差异对环境规制结果的不同影响。总之，将定性分析与定量分析、规范分析与实证分析、历史考证与现状研究等研究方法有机结合，跨学科、多角度地透析研究对象，其核心思想是力求展现二者关系的真实面貌。

1.4 创新与不足

1.4.1 创新

(1) 主题定位的创新，本书是以西部地区资源型产业作为切入角度，研究角度较为集中，将环境规制这一新命题与西部地区资源型产业发展的命运紧密联系在一起，对于西部地区资源型产业竞争力提升具有现实意义，将理论研究与我国西部地区资源型产业的实际情况相结合，为未来彻底扭转西部地区资源型产业发展的命运埋下伏笔。同时，对西部地区资源型产业未来发展作了有益探索和有力补充，拓展和延伸了环境规制及产业竞争力影响的研究领域。

(2) 系统考察了环境规制对产业竞争力的影响机制，并与西部地区资源型产业特点相结合，从直接影响和间接影响中，提炼出人力资本挤出效应、资本积累挤出效应、FDI区位选择效应、产业集聚效应、技术创新效应、市场效应等，进一步明晰了环境规制与其他各因素相结合，导致产业竞争力不同的变动状况。

(3) 从既分区域又分行业的角度细化研究，将影响产业竞争力的多种因素纳入同一分析框架，以综合全面的视角揭示环境规制与产业竞争力之间的关系，检验“波特假说”在西部地区和资源型产业的适用性和合理性，对比分析环境规制影响存在的区域差异性和行业差异性，发现环境规制对区域和行业造成的不同影响效应，在区域层面环境规制与产业竞争力的关系遵从“U”型轨迹，而在行业层面环境规制与产业竞争力之间呈现单调线性递增或递减的关系，“波特假说”在西部地区出现需要具备一定的前提条件，西部地区实现环境规制与产业竞争力双赢具备一定的提升空间。

1.4.2 不足

由于中国的环境规制起步晚于发达国家，各项环境立法和环境监控体系尚不完善，环境规制制度仍处于摸索阶段，本书参照主流研究方法，选择将污染排放数据替代环境规制测度指标，但由于环境规制指标是多维的，包括环境法令法规、经济补贴、环境税费、环境治理投资等方面，没有将其纳入指标体系的考核范围，而环境规制对产业竞争力的影响状况很大程度上取决于衡量指标的质量，因此，环境规制指标测度的粗糙性和不完整性，致使所得到的环境规制结果有失偏颇，进而影响到与产业竞争力的关系。产业竞争力的测度也是从利润的单一角度考察，没有包括产业的其他发展内容，也有不足之处。此外，综合指标的负面性可能对研究结论产生不利影响，弱化指标之间的联系，与实际状况存在一定差距，加之西部地区的环境规制数据统计主要起始于20世纪90年代末，受数据时间跨度较短和分行业环境数据可得性的影响，一定程度上降低了模型的质量，影响了结论的精确度。

第2章

理论基础及文献综述

环境规制与产业竞争力问题，是关系到产业、区域和国家发展的重大现实命题。因此，选择合适的理论依据，将研究置于规范的经济理论指导下进行，为后续研究的顺利开展提供理论基础和支撑。通过对国内外文献的系统分析，包括对国际研究热点的考察，能在短时间内较全面地掌握相关领域的主要研究进展，了解当前学科研究标准、取向和前沿动态，在对前人研究思路和研究方法归纳整理的基础上，从中寻找出研究尚存的不足和缺憾，以便有的放矢地展开新的研究工作，更有助于理顺本书的研究脉络，明晰主要研究问题之间的因果关系，确保研究结论的正确性、可靠性以及科学性。

2.1 理论基础

2.1.1 环境规制的相关理论

1. 环境经济学理论

环境经济学形成于20世纪五六十年代，开始将经济发展和环境问题纳入统一的研究框架，以经济和环境二者之间相互关系为主要研究对象的一门学科，属于经济学和环境学的交叉学科。其核心思想是如何在谋求经济发展的同时兼顾环境保护。随着可持续发展问题的提出，人们逐渐认识到人口、环境与经济协调发展的重要性，环境保护问题开始跃入了经济学家的视野，并迅速发展为新的经济学分支。环境与经济的关系不仅仅体现在生产、交换、分配和消费的过程，环境为经济活动提供了生产活动的资源和场所，而且也深刻地影响着经济活动进行。随着经济活动规模的扩大，各种废弃物逐渐超出环境自身的承载限度和净化能力，经济活动赖以生存的环境条件不断遭到破坏，进而制约和阻碍了经济增长。因此，环境资源已经成为影响现代经济系统正常运转行的重要因素。环境经济学侧重于从经济角度来研究环境污染问题并找出解决污染的对策。国外环境经济学的研究和发展阶段主要分为：经济发展与环境资源的关系、环境资源的价值评估、工业化国家和发展中国家的环境问题、不可再生资源与可再生资源研究、跨界环境问题研究五个方面。环境与经济的关系如图2－1所示。

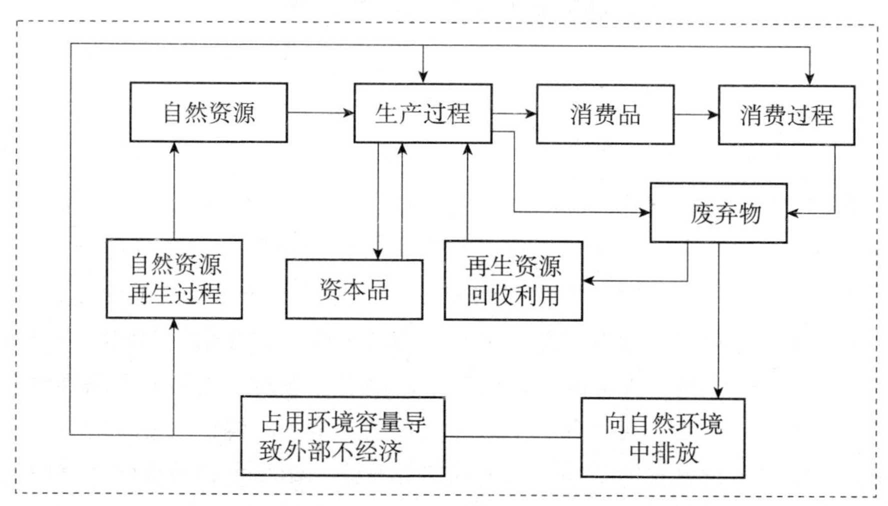

图2－1 环境与经济的关系

资料来源：厉以宁，章铮．环境经济学［M］．北京：中国计划出版社，1995：28.

显然，环境生态系统的外部性，使得分析环境问题时必须结合资源配置行为，将环境问题置于人、自然和社会的复合生态系统中进行分析。环境经济学突破了传统经济学定义的局限性，使人们开始尝试使用经济学的分析工具来重新认识环境问题，从长远角度来全面权衡经济发展和环境保护之间的关系，增加了经济学对现实生活的和经济行为的解释力，为有效治理环境污染提供了极大的帮助，将经济活动尽快纳入健康可持续发展的轨道。

2. 规制经济学理论

规制经济学是20世纪70年代，起源于西方经济学的一门新兴学科，旨在研究市场经济体制下，政府对市场微观经济主体行为的制约、干预或管理的过程[31]。卡恩（Kahn，1970）所著的《规制经济学》一书的问世，标志着西方规制经济学学科的正式诞生。诺贝尔经济学奖获得者斯蒂格勒（Stigler，1971）在《经济规制论》中尝试采用经济学的基本范式和标准来分析规制，创立了规制经济理论，构筑了规制经济学的学科基础和基本体系。当代西方规制理论是从国家干预主义理论中衍生而来，主张政府规制是解决市场失灵和市场局限性的必要手段，从而保障社会经济秩序规范有序的运转。规制经济学将政府与产业关系作为主要研究对象，其内容经过了公共利益、规制俘虏、可竞争市场、激励规制理论等多次理论变迁，使规制经济学理论得以不断完善和发展。

（1）公共利益规制理论。公共利益规制理论以规范分析的方式，将市场失灵作为政府实施规制的必要前提（Pigou，1920；Coase，1960；John Dales，1965）。政府代表着公共利益，理应对市场经济活动中产生的垄断、公共产品、外部性、信息不对称等各种显失公平和效率行为进行规制，从而提高资源的配置效率以提高整个社会的福利水平，公共利益规制理论占据着规制经济学领域的正统地位。

（2）规制俘虏理论。与公共利益规制理论完全不同，规制俘虏思想认为，规制的目的是为被规制产业利益服务，政府制定规制应该与产业需求相吻合，从而有助于实现各自利益最大化。规制的过程成为特定利益集团谋取利益的努力过程，政府规制是为适应利益集团实现收益最大化的产物[32]。佩尔兹曼（Peltzman，1976）进一步发展了规制俘虏理论，认为被规制产业差别在于收入在各利益集团之间的分配[33]。贝克尔（Beeker，1983）得出政府规制倾向于提高具有较强影响力利益集团的福利水平而不是社会福利[34]，帮助增加生产者的利润所得。

（3）可竞争市场理论。美国新福利经济学家鲍莫尔（Baumol，1981）等在价格和产业组织理论方面提出了开创性的见解，认为可竞争市场是由潜在进入者构成的市场，在不存在严重进入和退出障碍的情况下，来自潜在进入者的竞争威胁会给在位厂商造成无形的压力，规范其行为以保证市场的高效率。规制存在的作用主要体现在消除妨碍可竞争和低效率的各种障碍上，可竞争市场理论提出了潜在竞争的重要意义，修正了关于竞争与规制问题的传统观点，可竞争市场理论比完全竞争更贴近现实情况，能更好地指导规制政策的制定和实践。

（4）激励规制理论。激励规制指在原有规制结构的基础上，给予被规制企业提高内部效率的正面诱导，以竞争压力的方式促使企业提高生产和经济效率[35]。作为一种新的规制理论，它吸收了博弈论和信息经济学等理论成果，讨论如何向企业提供适当刺激帮助其实现利润最大化的目标。激励规制理论的产生源于规制者与被规制者之间的信息不对称性，这就使得双方形成了非对称信息博弈关系。激励性规制理论首要解决的问题，是规制内容如何安排，既能满足充分调动被规制企业的积极性，又能避免企业谋取不正当利益的投机行为。这就使得传统西方规制经济学的研究重心从为何规制转变到如何规制的轨道上来，更加注重规制的效率，这不仅为规制问题开启了一种全新的思维模式，更将规制经济学引入到新的发展阶段，修正了传统规制经济学的研究缺陷，开始融入主流经济学中，成为当今经济学中最富有活力和代表性的研究领域之一。

规制经济学的诞生，使政府对经济的宏观调控作用不断得到强化，但政府干预的广度和深度问题却越来越成为关注的焦点，伴随着规制经济学的逐渐完善和发展，为我们正确解决相应的环境问题提供了日趋成熟的理论指导。规制经济学是用经济学原理来系统分析，市场经济条件下规制过程及规制结果的新兴学科，涵盖了法学、经济学、政治学、管理学、新制度主义经济学等多门学科知识交叉的综合性学科。

2.1.2 产业竞争力的相关理论

1. 基础理论

（1）绝对优势理论。绝对优势理论起源于英国古典经济学家亚当·斯密的地域分工学说，认为每个国家由于所拥有的自然资源和后天形成的便利条件不同，导致不同的产品生产能力和水平，这就降低了一国相对其他国家生产某种产品的绝对成本，使得一国在该产品的生产上占据了绝对优势和有利地位，从而在国际市场上具有较强的竞争能力。各国应该依据各自的有利条件积极开展国际分工合作，使各国的资源得到合理高效的使用，并增加本国的财富。斯密直接比较了不同国家同种产品的生产成本，认为区位的优势构成了绝对成本优势，绝对优势理论因此成为国家竞争优势的源泉。然而斯密的理论与现实的地域分工和贸易情形有所偏差，暴露出其绝对优势理论的不足和缺陷。

（2）比较优势理论。主要代表人物是大卫·李嘉图，比较优势理论的提出打破了绝对优势论的限制，并对绝对优势理论做了有益的补充。该理论着眼于两个国家生产成本的相对差异化，认为完全拥有生产各种商品优势的国家，可以和完全处于生产各种商品劣势的国家间，只要存在生产技术上的相对差别，贸易就有产生的可能，通过将本国比较优势突出的商品出口来换取本国比较劣势的产品，就能获得比较利益。因此，李嘉图的比较优势理论也称为相对成本理论，进一步延伸了国际贸易的基础，认为世界上任何国家只要具备比较优势，并且按照比较优势来组织生产和贸易，就能从中获取利益。比较优势的产生是由于各国劳动生产率的差异引起的，但并未对这种差异给出详细解释。

而要素禀赋理论试图探寻比较优势产生的原因，赫克歇尔—俄林定理（H-O）认为国际贸易来源于同种商品的国际价格差，而商品价格差来源于要素价格差，一国应该出口相对丰裕的要素密集商品，进口相对稀缺的要素密集商品。H-O 理论进一步发展了比较优势理论，认为比较优势产生的根源在于各国或区域生产要素相对禀赋的不同，提倡采取“靠山吃山、靠水吃水”的贸易模式。

（3）竞争优势理论。迈克尔·波特在《国家竞争优势》中初次提出了国家竞争力优势概念，阐释了竞争优势是由创新决定的结论，并将产业竞争力的影响因素归纳为内外六个要素（如图 2－2 所示），六种不同的因素之间相互影响、相互作用，共同构成了钻石形状的关系网，该理论又被称为“钻石理论模型”，主要解释了竞争力的来源。

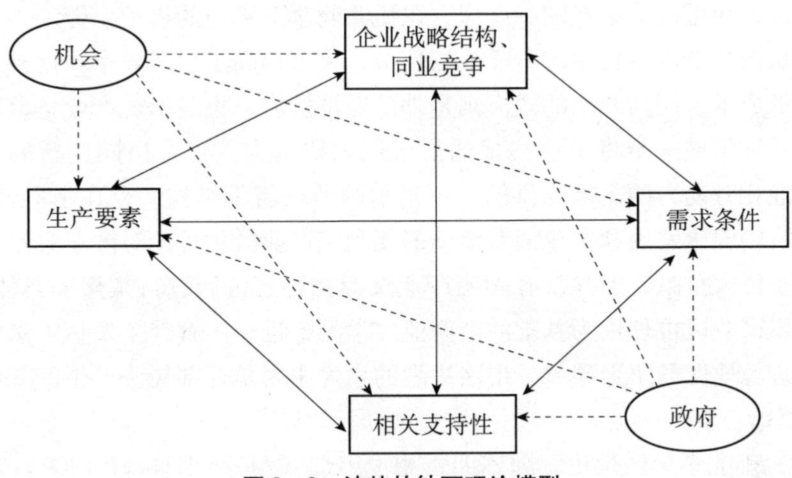

图 2－2　波特的钻石理论模型

迈克尔·波特在比较优势的基础上开创性地提出了竞争优势理论，认为各国仅仅凭借自然资源禀赋差异所获得的是比较优势，只能代表在资源禀赋上占据了相对暂时的有利地位，而竞争优势是在比较优势的基础上综合多种要素作用的结果，是各国在国际贸易格局中的常态化表现，将比较优势看作是潜在竞争力的基础，而竞争优势才是竞争力的主导力量，是现实竞争力的直接来源。因此，竞争优势相对比较优势而言，要优于比较优势，并且更加持久更加稳定，只有依托竞争优势才能最终在国际分工中占有一席之地。由此可见，竞争优势理论进一步完善拓展了比较优势理论，二者共同构成了产业竞争力的两个基本要素，比较优势是竞争优势的来源和基础，竞争优势又使比较优势得以强化。比较优势借助于竞争优势得到了更加充分的体现，只有将先天和后天的两种优势相结合，才能真正构成区域优势，形成区域经济综合竞争力。竞争优势理论基于产业竞争力角度分析竞争优势，因而对于提升产业竞争力有一定指导意义。

2. 发展阶段理论

（1）产业区位理论。集聚在产业竞争力的形成过程中发挥着越来越明显的推动作用。新古典经济学的代表阿尔弗雷德·马歇尔（Alfred Marshall，1890）首次引入了边际分析方法，为现代规范经济学分析奠定了基础，他将工业专业化产业集聚的特定区域称为“产业区”，区内集中了一定数量相关联的企业，企业之间相互作用，通过劳动分工的不断细化，使生产力迅速得以提高，从而促使区域与外部经济空间建立持久而广泛的联系[36]。马歇尔认为，生产属性相同产品的企业，或有上下游关联性的企业，由于其生产产品的相似和关联性，均可以集中在同一区域，以便共同享有专门的机械、劳动力、资源条件，从而减少了各自生产所需要的环节，大大提高了生产效率。这种由于集聚而降低成本、提高产出的效应则是外部经济效应，也是形成产业集聚的主要原因。马歇尔进一步将工业集聚的形成原因概括为六点：协同创新的外部环境、专业化劳动力的需求与供给、不平衡的劳动需求结构、存在辅助性工业、区域经济的健康发展和客户消费活动的便利。产业区位理论对产业集聚理论体系做出了巨大贡献，但并没有阐明产业选择在特定区域进行集聚的具体缘由。此后，以产业区位理论为基础的新产业区学派，进一步解释了发达国家和发展中国家边境地区的集聚现象，得出集聚的三大主因是外部经济、生产柔性化和集体效率。

（2）工业集聚区位论。阿尔弗雷德·韦伯（Alfred Weber，1909）在《工业区位论》中从工业布局的角度来研究产业集聚现象以及对产业竞争力的影响，完成了关于工业区位理论的系统研究成果。韦伯根据企业的发展过程，将产业集聚过程划分为两阶段：一是企业自身规模的扩张阶段，企业内部实现了产业链延伸和生产流程的集中化，形成了产业集聚的最初形式；二是大企业引领发展阶段，大型企业发挥自身优势，将产业组织集聚于特定区域，同时吸引相同类型企业也向本区域聚拢，实现资源共享和生产流程的完善，产生大规模生产的经济效应，从而使得区域性的集聚形成。与此同时，大量制造业企业规模移动现象引起了韦伯的注意，试图探寻到工业企业在区域之间迁移的规律性，总结出产业集聚的主要影响因素有：可更新的设备和技术、专业化的劳动力、完善的市场体系和常规性生产成本的降低。韦伯对集聚经济因素进行了较为透彻的分析，并引申出规模经济和集聚经济两个重要概念。

（3）新经济地理学。主流派经济学代表者克鲁格曼（Paul Krugman，

1991）重新审视了空间因素对经济的影响，融合了区域经济学、城市经济学等传统经济学科内容，开创了新经济地理学，拉开了空间经济研究的序幕，也为区位研究引入了一个崭新的方法和视角。其研究内容主要包括：经济活动的空间集聚和区域增长集聚的动力。新经济地理学将收益递增理论为基础，并通过区位聚集中的路径依赖现象，分析了经济活动地理集聚的空间过程[37]。将空间纳入主流经济学模型中，改变了传统经济学中规模报酬不变和完全竞争这两个基本假设条件，强调报酬规模递增、运输成本以及不完全竞争在区位决策中的关键作用，使得结论更接近现实和更具有说服力，同时注重区位条件的重要影响，对产业聚集特点和规律进行了新的探讨[38]。工业生产活动不同于传统农业部门，会在区域内不断进行空间格局的演化，最终在特定区域内形成集聚。克鲁格曼认为形成区域产业集聚主要原因是：政策性引导、专业劳动力和技术知识的自由传播。

（4）生命周期理论。生命周期作为一个生物学概念，指具有生命特征的有机体从出生、成长、成熟衰老直到死亡的整个过程[39]。雷蒙德·费农（Raymond Vernon，1966）首次提出了产品生命周期理论，其核心内容是将产品分为引入、成长、成熟、衰退四个周期，为产品赋予了市场生命，在以时间和销售额（利润额）构成的坐标系中，产品生命周期轨迹貌似一条 S 型曲线。需要说明的是，产品的四个周期发生的时间和过程在不同国家表现各异，这取决于各国所拥有的技术实力，由此形成了同类产品在不同国家或区域的竞争差异，据此可将国家或区域分为最发达、一般发达、发展中三个档次。产品生命周期理论为产业生命周期理论奠定了理论基础，阿伯纳西和阿特伯克（William J. Abernathy & James M. Utterback，1978）共同提出的 A-U 模型，给产品生命周期理论注入了创新内容，侧重创新驱动型产品的发展规律[40]；高特和克莱柏（Gort & Klepper，1982）建立了 G-K 产业生命周期理论，将产品生命周期分为五个阶段，开始从考察单个产品转向产业组织内的产业演化[41]。紧接着 Klepper，Graddy（1990）提出的 K-G 理论模型[42]，以及阿加瓦（Rajshree Agarwal，1996）对产业生命周期进行了更为细致的划分，从另一个角度进一步扩展了 G-K 模型[43]。由此可见，产业生命周期理论的演变吸收融合了各分支的研究观点，并逐渐得以完善，成为判断产业发展所处阶段的重要理论依据。与产品生命周期同理，产业的发展也要历经由成长到衰退演变的过程，产业从出现到完全退出经济活动一般经历：起步、成长、成熟以及衰退 4 个阶段[44]（如图 2－3 所示）。生命周期理论的概念开始逐渐从产品扩展到企业和产业领域，使理论的进一步深化和完善，也为制定科学合理的产业政策、促进产业健康发展提供了理论指导。

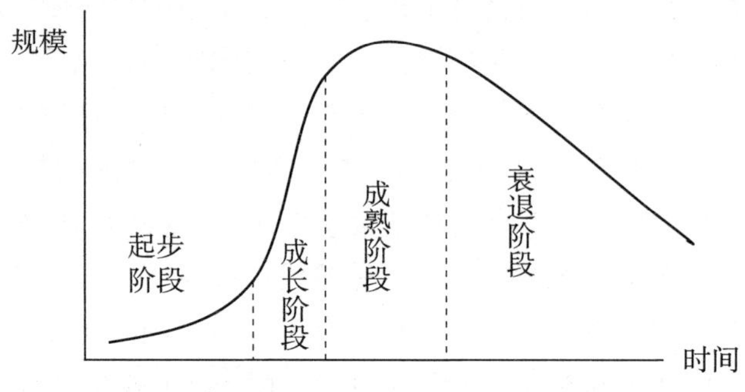

图 2-3 产业生命周期示意图

2.1.3 区域可持续发展理论

美国生物学家切尔·卡逊（1962）的《寂静的春天》出版，书中展现了人类过度使用化学农药对人体和生物造成的危害，甚至可能会导致生物资源灭绝，让自然界陷入无生命气息的寂静当中[45]。引发了学术界对传统经济发展模式的反思，人们开始将目光转向全世界的发展问题上面，认为衡量社会经济发展不能仅用 GDP 和 GNP 等经济指标，而应该将社会、生态环境、文化等非经济类指标也纳入到考核范围。随着人们对环境和发展问题关注度的提高，罗马俱乐部等世界性的民间团体也逐渐出现，旨在对未来世界经济和人类命运进行自由探讨，它由意大利经济学家皮尔斯发起组织[46]。作为罗马俱乐部的一名成员，麻省理工学院教授丹尼斯·梅多斯等（Dennis Meadows et al.，1972）发表的一项研究报告《增长的极限》，提出若全世界范围内的人口增长、资源消耗、工业化进程、环境污染依照目前的发展速度，会在未来某个时刻达到极限，这将给全球带来毁灭性的灾难[47]。虽然梅多斯的观点过于悲观，但这无疑为人类社会未来的发展敲响了警钟。1987 年，布伦特兰夫人向联合国提交的《布伦特兰报告》（《我们共同的未来》）中，正式提出可持续发展的定义，并系统地评价了人类经济增长与环保之间的问题，随后得到了广泛的支持和认可。可持续发展的思想被逐渐引入到区域发展中，1992 年联合国环境与发展委员会通过了《二十一世纪议程》，有助于调整世界各国当前非可持续性的社会经济发展方式，在确保全球未来经济安全的道路上迈出了历史性的一步，并成为全世界可持续发展的行动纲领和计划蓝图。1994 年国务院通过了《中国二十一世纪议程》，在以经济建设为主要任务的发展阶段，中国作出了严格履行《二十一世纪议程》的庄重承诺，并成为我国实施可持续发展的行动纲领。

至此，可持续发展思想已经渗入中国经济社会发展的各个领域。社会发展条件和阶段的发生根本改变，区域可持续发展格局日渐呈现出多元化趋势，区域发展差距拉大、工业化和城镇化的迅速扩张、资源型产业和城市的枯竭等一系列问题接踵出现，中国面临着可持续发展的巨大压力，区域可持续发展能力也受到了前所未有的严重威胁[48]。在解决这些区域发展的困境时，必须依靠区域可持续发展理论的指导，转变发展观和发展方式，重视典型区域和重大问题的研究，寻求人口、资源、环境以及发展等四个核心要素构成的区域 PRED 系统的协调发展。

2.1.4 环境规制与产业竞争力的关系理论

1. 环境库兹涅茨曲线理论（EKC）

西蒙·库兹涅茨（Simon Kuznets，1955）提出了经典的库兹涅茨曲线，指出收入不平等与收入水平之间呈现倒“U”型的曲线轨迹，即收入不平等先是随着人均收入水平的上升扩大，而达到拐点之后收入不平等状况会逐渐出现转变，人均收入的增加明显改善了收入不平等现状。Grossman 和 Krueger（1991）在对多国进行研究的基础上，发现随着经济发展水平的提高，一些影响生活质量的指标将先恶化后好转，环境质量和人均收入之间存在倒“U”型的变动关系，称为环境库兹涅茨曲线（EKC），描述经济增长和环境污染二者之间的相互关系[49]。并进一步将经济对环境的影响细分为规模、技术和结构三种不同效应，规模效应会使得环境状况恶化，而技术效应和结构效应则有助于减轻对环境的污染，改善环境质量[50]。因此，环境质量随着经济发展先出现恶化，但随着经济达到一定水平后，环境质量得以改善，经济发展和环境保护处于协调发展的阶段，环境与经济的关系整体呈现出倒“U”型的发展轨迹。EKC 理论的出现，受到了研究者们的高度重视，并围绕 EKC 假说进行了更加深入广泛的研究，从国家、地区、省际等各个层面验证环境与经济增长之间倒“U”型关系的存在状况，Panayotou（1993）[51]考察了二氧化硫、氮氧化物、SPM 三种污染物，检验了与人均收入的关系符合倒“U”型曲线。Arrow（1995）提出了环境污染与经济增长之间呈倒“U”型关系的假说[52]，研究结论进一步支持了传统 EKC 假说。但随着研究区域和污染指标选取的多元化，Shafik（1994）研究发现人均二氧化碳排放量与人均收入水平呈线性递增趋势[53]，Perman 和 Stern（2003）也得出硫污染物和经济增长之间不存在 EKC 曲线关系[54]。环境与经济增长之间存在多种非倒“U”型曲线关系，呈现出单调递增（递减）、“U”型、“N”型、倒“N”型等五种曲线形态[55]，超出了经典的 EKC 假说范畴，增加了确定曲线拐点位置的难度，也为政府采取有针对性的环境规制政策提出了更高更细致的要求。环境库兹涅茨曲线理论的丰富和完善，更加准确清晰地刻画了环境与经济增长短期和长期的关系："两难""双亏""双赢"[56]等，彭水军和包群（2006）将环境因素作为内生变量，采用生产函数和效用函数，构建了环境变量约束的经济增长模型，分析环境污染外部性对经济增长的长期影响机制。EKC 曲线等理论模型的建立从宏观经济增长角度，分析了环境污染对经济产生的影响，这为最终践行环境保护和经济发展的双赢局面提供了参考。

2. 环境规制与产业竞争力的关系理论

（1）波特假说。M. Porter（1991）假说产生于美国开始实施较为严厉的环境规制政策背景下，首次提出实施环境规制能够提高国家竞争力的观点，这种双赢主张打破了传统经济学认为实施环境保护必然造成经济负担，导致私人成本与社会福利相抵消的观点。波特反对将环境保护与经济发展相对立的片面看法，构筑了动态创新机制分析模型，突破了新古典的静态分析框架。认为恰当合理的环境规制可激发企业通过更多的创新行为来降低成本提高生产率，环境规制通过技术创新实现生产力和国际竞争力的提升，二者之间并不是完全不可调和的矛盾。这也就意味着，波特并不否认环境保护的初始阶段会给企业带来成本增加和竞争力下降的困境，但这只是暂时地使企业处于竞争力的劣势地位，随着企业技术条件的改善和进步，产业竞争力会得到弥补和扭转。因此，环境保护和经济发展不是简单的此消彼长的关系，引出了新颖的"创新补偿理论"[57]。波特并以日本与德国企业的案例作为有力证据来支持自己的观点。随后 M. Porter 和 Linder（1995）提出了"先动优势理论"，认为环境污染是资源利用效率低下的表现，合理的环境规制可使企业提高资源利用率，从而为企业节省投入成本提高营业利润。随着环境保护程度的提高，企业只有率先采取应对措施，生产环境友好型产品，才能在国际市场中较其他竞争对手获得先动优势，这让波特假说又向前迈进了一步[58]。Slater 和 Angel（2000）认识到相对于传统企业优先采用环保技术的企业，能获得不同程度的效率、创新、先动、整合等一系列竞争优势[59]，Warhurst（2005）提出创新会降低环境规制增加的成本，创新是维持社会可持续发展和企业竞争力的关键要素，环境规制中的 REARC① 方法对于创新具有促进作用[60]。欧洲环保机构（2005）通过国际市场上得到的证据指出，适当的环境规制不会给企业形成太大压力，不会对

① REARC 代表 Registration，Evaluation，Authorisation ，Restriction of Chemicals 指环境管理中的注册、评估、授权及限制化学原料等制度。

产业竞争力和经济的增长构成威胁，进一步证实和检验了波特的双赢观点。

（2）污染避难所假说。“污染避难所假说”最早由 Walter 和 Ugelow（1979）提出，其核心思想是随着国家之间外资注入规模的扩大，发展中国家出于政治和经济发展的需要，自愿降低环境标准，有可能变成世界污染产业的集中区域[61]。这是由于发达国家采取了相对发展中国家更高更严格的环境标准，迫使跨国肮脏产业①（dirty industries）在环境标准较低的国家落户，以降低对本国环境的损害，同时获取明显的成本优势。因此，长此以往产业会向弱环境规制的发展中国家转移，这些国家将逐渐成为“污染避难所”[62]。随着“污染避难所假说”理论的出现，资本国际流动产生的环境跨界转移问题也备受关注，学者们开始反思 FDI 引起的不良环境后果。Baumol 和 Oates（1988）则从理论上对该假说进行了系统验证，并认为如果发展中国家主动降低环境规制强度，就会变成世界污染的集中地[63]。Chichilnisky 和 Copeland 认为污染避难所假说能客观地揭示出 FDI 和环境污染的关系，证明了其存在的合理性。Copeland 和 Taylor（1995，1997）指出资本的国际流动或增加或降低污染水平，这主要取决于贸易和投资的具体形态，且国家联合减排是一种帕累托改进状态，发达国家向发展中国家收入转移提高了发展中国家的福利水平[64][65]。Cole 和 Elliott（2005）对污染避难所假说提出了质疑，并以污染密集行业的资本集中度为考察目标，研究了美国 FDI 对巴西和墨西哥这两个发展中国家的影响，突出了资本在污染避难所形成中的作用，得出完全放松环境管制的国家最有可能成为污染避难所，但这样的国家也缺乏足够的资本积累来吸引他国污染密集型产业的转移，阐明了现实中污染避难所并不多见的原因[66]。Taylor（2006）把污染避难所假说分为五种情况：环境规制标准由国家特征决定、生产成本受环境规制影响、FDI 和贸易流动受生产成本的影响、贸易的流动会影响到污染和产品价格、环境规制又受到这些因素的综合影响[67]。Smarzynska 和魏尚进（2006）提出了一个全新的研究结论，认为污染避难所和 FDI 的关系要么是误解要么是蕴涵着“肮脏的秘密”，并将妨碍污染避难所的原因总结为四点[68]。由此可以看出，污染避难所假说受到诸多因素的限制影响。以上这些学者们的研究为我们掀起了“污染避难所效应”的神秘面纱，有助于揭开该理论的真相。同时，“污染避难所假说”带给我们一个不可回避的严峻事实，就是发展中国家如何在环境保护和经济增长之间实现平衡，努力将资本国际流动引起的潜在负面影响降到最小。

---

① 英国“新经济基金会”（New Economic Foundation）报告.（2007－10.）http：//www. neweconomics. org/gen/uploads/fmq2gmn5w2dn2qemwoor0m4505102007192709. pdf.

（3）环境竞次竞争假说。Carry（1974）首次提出这一专业术语，用来指国家间为了吸引更多外资，为本国经济发展赢得充足的资本积累，使本国产业避免在竞争中处陷入被动境地，纷纷降低本国的环境标准，加剧了全球环境恶化，产生环境“竞次效应”。环境竞次竞争假说理论的核心思想是，将环境因素作为一种生产要素，发展中国家利用相对宽松的环境标准形成产业优势，以便在激烈的市场竞争中占据有利地位，这对发达国家的污染密集型产业造成巨大压力，迫使发达国家为维持产业竞争力也降低环境标准，出现了世界各国竞相降低环境保护标准的效应。发展中国家丰富而廉价的劳动力资源、较低的环境成本，成为承接跨国产业转移的比较优势，为了维持和强化微弱的竞争优势，牺牲生态环境无疑成为企业成本外部化的最佳选择，于是导致各国企业间的竞次行为愈演愈烈，以至于超出了环境自身承载能力。之所以出现这种局面，是由于企业作为一个理性的微观经济主体，其最终目的是为了实现收益最大化，在污染处罚与治污成本之间，倘若前者小于后者，则环境污染成为企业规避成本的一条捷径，企业无法形成治理污染的主观能动性，激烈的市场竞争环境也更激化了竞次的发生。从国内的经济发展历程来看，也是经历了粗放型的发展模式，并且在以经济建设为中心的战略思想指导下，加剧了企业间环境竞次竞争行为，导致国内的生态环境问题日益突出，如果对现状不能尽快改变，极有可能走上其他发展中国家的老路子。可以肯定的是，采用竞次策略在经济发展初期有一定的积极作用，能有效提升产业竞争力和生产力，但在经济转型时期，竞次策略所产生的副作用也更加明显，甚至阻碍了经济的可持续发展，如何走出竞次的陷阱，实现竞优的理想境界，是摆在眼前的重要课题。

（4）生态倾销假说理论。由于各国实施的不同环境标准，致使产品成本出现差异化，而发展中国家处于技术弱势，只能将环境成本外部化，使得产品生产成本低于实际成本，据此产品具备了一定的比较优势和竞争优势，从而构成了生态倾销。环境保护主义的观点认为，这种以牺牲环境为代价形成的不公平商品价格，导致产品倾销，其本质是对环境和生态的倾销。因此，世界各国政府积极出台和制定相应的措施和环境保护政策，来遏制和阻止生态倾销行为，但由于各国发展水平参差不齐，判断环境质量的标准很难统一，由此引发了各国的贸易纠纷。朱波涛（2006）认为，在发达国家，低环境成本造就了比较优势，高环境成本形成了比较劣势。这些国家出于保护本国利益的考虑，不排除会以生态倾销为借口，在国际贸易中设置各种“绿色壁垒”，以环境保护的名义实行贸易保护。环境规制政策在国际贸易中被不断扭曲，姚洪心和海闻（2012）认为，生态倾销类似于囚徒困境的策略行为，政府间的相互合作有助于抑制生态倾销，非合作状态会导致环境标准宽松化，引起利润转移[69]。生态倾销假说理论的出现，将发达国家设置绿色贸易壁垒的做法合理化，而对发展中国家而言，远落后于发达国家的技术能力，究竟应该如何在国际贸易中，避免被贴上“生态倾销”的标签，冲破绿色壁垒的阻挠，是值得深思的问题。

污染避难所假说、生态倾销理论、环境竞次理论分别从不同的视角出发，阐明了环境与产业国际竞争力的影响关系，但其着眼点均从各国所制定的环境政策出发，认为环境标准的差异化导致了各国产品的生产成本差异，势必形成了不同的产业比较优势，进而影响到产业国际竞争力水平。这些理论均从西方发达国家的立场出发，主要倾向于保护发达国家的贸易和产业发展，虽然理论假说有偏颇之处，但对于中国等发展中国家的贸易和产业发展却有一定的借鉴和启示。发展中国家在国际贸易中借助于较低的环境标准，而形成的产品比较优势，显然无法在激烈的国际市场竞争力中占据永久优势，这不仅使发展中国家走上了以牺牲环境为代价的极端发展道路，更有可能让发达国家以生态倾销的名义，拒绝发展中国家产品的进口，削弱打击发展中国家的产业和经济，技术实力的差距使发展中国家在国际贸易领域完全处于被动的局面，而资源型产业的环境和自然资源禀赋特点非常突出，因此发展中国家的资源型产业发展不能走依靠降低环境标准，提高产品比较优势的老路子。波特假说理论，从静态和动态两种不同的分析角度出发，核心思想是环境保护引起企业的技术创新，阐明了环境保护对产业国际竞争力的积极作用，按照波特的研究思路，环境保护对产业国际竞争力造成的消极影响是完全可以避免和克服的。这为我们研究环境规制对资源型产业竞争力的关系拓宽了思路，只有靠技术的不断创新和提高，并且将其贯穿于资源型产业发展的始终，使环境成本转化为内部成本，发展中国家才能扭转受制于人的命运，实现产业竞争力的稳定提升，最终跨越发达国家设置的绿色壁垒。

2.1.5　总结

以上理论的介绍和讨论并不能囊括全部，只是构成了对所研究对象的基础理论和思想指南，使得我们能对研究主题有整体把握。通过对理论进行了系统的梳理和总结，帮助我们正确认识事物的本质和发展规律，遵循科学方法论的指导构建研究框架和思路，能更加逼近事实真相。同时，在进行深入研究时，注重区域系统内影响产业竞争力要素的相互关系和影响路径，从时间和空间的角度来关注各要素的变迁过程，切中问题的要害与重点，以便为具体翔实的结论寻找与之匹配的原因。关于环境规制与产业竞争力的理论假说，均从宏观角度阐释了环境规制对产业竞争力造成的影响，侧重于国际贸易领域的分析，引出两者具体关系的背景以及所产生的不良后果，将关注焦点集中在国家间经济利益的比较方面，这些理论主要是从发达国家的立场出发，为发达国家向发展中国家转移污染密集型产业提供了理论依据。由于发达国家凭借资本、技术和知识型产业在国际贸易中占据优势地位，而发展中国家以劳动密集型产业为主处于劣势地位，发展中国家急于引进资金和技术来促进经济增长，不惜以牺牲环境代价来换取发展机遇，这给发展中国家的生态环境埋下了深深的隐患，甚至所获利益不足以弥补高昂的生态环境成本，反而严重制约了经济的发展。使我们更加清醒地认识到处理好环境与产业问题的紧迫性，通过技术创新来提升产业竞争力的主张，对于指导产业的可持续发展方面极具有借鉴意义。

2.2 文献综述

2.2.1 资源型产业的相关研究

1. 环境规制与资源型产业研究

国外最早对资源型产业进行研究始于20世纪30年代，主要集中在资源型城市研究领域，其中以英尼斯（H. A. Innis，1930、1933）为代表，随着国外资源型产业的问题凸显，逐渐加大了对该领域的研究力度，这一时期的研究焦点围绕德国鲁尔地区，并将美国、加拿大、澳大利亚等发达矿业国家列为主要考察对象，以 Lucas、Bradury、Hayter & Harness、Houghton 等的研究成果为代表。国内学者李金昌（1992）和成金华（1997）对资源型产业展开研究较早，随着中国工业化进程的加快，资源型产业也步入发展的快车道，一些地区纷纷依托丰富的资源，形成了以资源型产业为主导的经济体系，但快速扩张的资源型产业也暴露出种种弊端，造成经济发展过度依赖于资源型产业，挤压了非资源型产业的发展空间，从而使得产业结构单一、缺乏产业升级的动力和创新意识[70]，存在严重的路径依赖和锁定效应，资源需求膨胀导致资源过度开采，对生态环境质量造成极度损伤。从环境规制的视角出发对资源型产业进行研究，主要体现在以下几个方面。

（1）资源型产业外部性问题研究。Pigou（1920）和 Coase（1960）认为对资源开发产生的环境破坏问题，应通过开征税收和界定产权等手段来解决。Krutila（1967）认为采用技术手段缓解资源的耗竭性毕竟有限，只有通过政策制定和机制构建，才可能实现资源和环境的可持续利用。针对国内资源型产业所产生的环境问题研究，李文君等（2002）以唐山市为例，剖析了资源型工业发展过程中所产生的环境污染，转变工业生产方式是当前面临的迫切任务，提出通过产业结构优化升级来实现长期的环境保护[71]。负外部性问题不仅仅存在于单个产业，更重要的是产业集群对环境造成的压力。研究主要对产业集群的负外部性问题进行了探讨，由于工业集聚的地区企业密度较大，污染排放总量也会较大，应该在工业集聚区内制定较为严格的环境规制政策，来降低排放保护环境，实现生态化的产业集聚。何苑和高新才（2007）认为资源型优势产业是一个必然的选择，从各个角度阐述了西部地区资源型产业发展中存在结构老化、竞争力不足、资源浪费、环境污染问题突出，并提出依靠产业基础和技术优势，发展新型资源型产业的战略和模式[72]。资源型区域环境问题除常见工业“三废”以外，还伴随着其他生态环境问题，如地质塌陷、滑坡等环境灾害[73]。环境负外部性的存在，会将产业结构和价值链锁定在低端位置，诱发企业资本向产业集群外转移和流出，应该以政府规制为主导、核心企业和全社会参与来解决[74]。工业集聚过程会引起水土资源短缺，造成不同程度的环境损害[75]，资源型产业的可耗竭和环境负外部性问题，严重影响了资源型产业和区域经济的可持续发展实现。李香菊和祝玉坤（2011）认为我国资源产权制度不清晰，是导致资源型产业外部性的主要因素。自然资源产权制度存在产权虚置的问题，导致资源利用中短期行为严重和资源滥用现象的发生。张伟（2012）关注了西部地区资源型产业集群发展现状和存在问题，提出了产业集群发展的实现机理。徐博和邓宏兵（2012）认为，资源型产业所产生的环境破坏问题，是市场失灵导致的典型外部不经济现象，政府有必要对企业活动进行合理规范，制定相应的治理指标，来引导资源型产业集群的健康发展[76]。政府需要在资源型产业发展过程中有所作为，加大对环境的调控力度是治理负外部性的有效手段。

（2）清洁生产研究。清洁生产就是摒弃传统污染排放的末端治理方式，选择清洁或无毒害的原材料，提高生产过程的清洁性，以生产过程和源头控制的方式，更有效地缓解环境压力。国际上“清洁生产”的概念产生于1976年欧洲共同体举行的“无废工艺和无废生产国际研讨会”，欧盟委员会宣布开始实施清洁生产政策，并于1989年由联合国环境署工业与环境规划活动中心制定了《清洁生产计划》，至此清洁生产开始在全球范围内推广。《21世纪议程》中明确提出企业开展清洁生产是改善环境和维持企业核心竞争力的最有效途径。Carios Montalvo Corral（2003）认为企业态度、社会压力以及创新控制程度会影响企业的清洁生产行为[77]，发达国家由于占据技术优势，在清洁生产的领域研究处于领先地位，如美国、荷兰等在推行清洁生产方面已经取得了丰富的经验。相比较而言，国内对清洁生产的研究尚处于处于摸索阶段，相应的立法也逐渐由废物末端治理的法律体系转向清洁生产立法。郭丕斌（2008）从分析实施清洁生产的受益方入手，探讨了企业进行清洁生产技术创新的影响因素，认为清洁生产不仅可以有效缓解环境压力，而且可以获得更多的竞争优势来提高企业的全球竞争力。宋芳（2013）对西部地区中小企业采用问卷调查的方式，分析认为，解决资源型产业环境污染的关键在于引进清洁生产方式，鉴于环境规制的难点和重心都集中在中小企业身上，主张大力推动中小企业清洁生产，并就影响西部地区中小企业清洁生产实施的原因进行深入研究，提出在转变企业自身观念的同时，政府要对西部地区尤其是中小企业给予政策扶持。因此，国内产业在清洁生产政策推行、技术研发和推广方面具有极大的开拓空间。

（3）资源型产业或区域的可持续发展研究。一些学者从可持续发展的视角出发，解决资源型产业或区域面临不可持续的问题。Bartone（1991）发现发展中国家的资源型城市普遍存在着环境恶化、资源枯竭以及贫困加剧三大困难，严重束缚了这些城市可持续发展的实现。David（1994）认为粗放型发展方式会造成资源的极度浪费，将生态环境成本作为经营成本的有机组成部分，只有将外部效应内部化才会实现资源型产业环境友好型的发展模式。Collados和Duane（1999）指出应该从三个维度，即环境服务能力、可持续发展能力、可再生能力来衡量资源型区域产业的可持续发展状况[78]。Priemus（1999）率先构建了环境影响链，认为资源型产业可持续发展主要受资源禀赋、环境质量、居民行为的影响，建议加强生态环境建设，为可持续发展提供了较新的研究视角。国外研究为我们提供了大量丰富的经验可借鉴，但由于我国资源型产业发展的历史阶段不同，以及区域之间存在的显著差异，因此要紧密结合具体情况进行分析，唐浩和蒋永穆（2009）对产业链的升级过程进行深入剖析，产业升级必然是一个动态化的体现过程，通过横向产业间协作到纵向循环生产链，再到供应关系链的逐渐演化发展，依靠产业链内涵的提升来实现资源型产业的可持续发展[79]。资源型产业最终要实现可持续发展，应不断努力提高科技创新能力，研发新的可替代能源，降低资源的强制性约束[80][81]。张思锋和沈志江（2011）构建了资源型产业发展可持续发展的评价体系，并将能源产业可持续发展能力划分为四个层次，提出发展接续产业、设立能源特区等建议[82]。张建斌（2012）对资源型产业集群的可持续发展进行研究，从生态学角度出发，分析了环境破坏、能源资源和技术滞后造成的影响，通过产业链条的延伸建立产业集群化模式有助于可持续发展的实现[83]。夏青（2013）构建了数据模型分析资源型产业结构优化的机遇与挑战，研究了生态、环境、环境治理、环境综合指数四个方面因素对产业结构的影响，提出了可持续发展对策。

2. 资源型产业竞争力问题研究

（1）资源诅咒现象研究。资源型产业由于存在“资源诅咒”问题，严重制约了资源产业的发展和竞争力的提高。“资源诅咒”问题最早由美国经济学家奥蒂（Auty，1993）提出[84]，他以矿产国家的经济发展为例，得出矿产资源的丰裕度与经济增长成反比，打破了资源禀赋会促进经济增长的传统增长理论[85]。Sachs 和 Warner（1995、1997、2001）通过连续六年的研究，发现资源禀赋与经济发展之间确实存在悖论关系，“资源沮咒”在国家层面的存在性得到了验证。Sokoloff 和 Engerman（2003）认为制度因素会影响资源禀赋对经济的作用，Martin 和 Subramanian（2003）承认丰富的自然资源的国家和地区极易形成政治利益集团，这为“寻租”和腐败行为提供了温床，制度软化直接对经济产生负面影响，Stiglitz（2006）认为“资源诅咒”现象主要是其政治社会结构引起的。Mehlum 等（2002）对制度因素进行量化，发现制度因素对资源沮咒有显著的影响关系，制度质量以 0.93 为临界点，资源禀赋对经济增长的影响状况完全相反，提高制度质量，能有效扭转资源诅咒的发生[86]。Lay 和 Mahmoud（2004）以同样的方法支持了制度因素的确会控制“资源沮咒”产生[87]。徐康宁和邵军（2006）对世界各国的发展历史进行分析，并对开放程度以及制度等因素进行控制后，仍然出现“资源诅咒”的结果[88]。显然，国家之间制度的差异，会影响“资源诅咒”的产生[89]，但从国家内部省际角度的研究结论也支持了资源诅咒”的存在[90]。Stijns 和 Philippe（2005）[91]从行业领域研究资源诅咒现象，在考察了各种资源与经济增长的关系后，发现资源诅咒呈现出行业差异性，资源的特点不同，所造成的资源诅咒状况也就不同。这些结论从不同的角度均说明“资源诅咒”并不是个别现象，它的出现和发展有一定的经济规律，邵帅等（2010）得出资源诅咒现象存在于煤炭型产业城市，王保忠等（2012）发现西部大开发和中部崛起战略的实施，使得晋、陕、蒙三省区的煤炭资源开发均存在不同程度的“资源诅咒”现象，验证了“资源诅咒”在中国省际层面存在的依据。自然资源的对物质资本、人力资本培养、技术研发均产生了“挤出”效应，Gylfason 和 Zoega（2006）发现也会挤出人们对储蓄的意愿，使得经济增长缺乏持久的动力（Sachs & Warner，

1995，1997；Papyrakis & Gerlagh，2007），Botta（2010）认为资源型产业没有发挥对其他关联产业的带动作用，反倒出现“去工业化”现象。这就使得人们逐渐认识到丰富的资源不仅是经济发展的动力也是包袱[92]，对资源禀赋过分依赖，只会使国家和地区的经济滑向资源优势“陷阱”而无法自拔，滋生出环境污染和产业结构扭曲等问题。

（2）资源型产业竞争力提高路径研究。一是通过提高产业集聚水平来提升产业竞争力。杨伟民和秦志宏（2005）认为资源型企业在资源富集地区呈现空间集群现象，分析了资源型产业竞争优势的路径变迁，提出了制度因素在培育资源型产业集群竞争优势的重要性，政府应对不同发展阶段的资源型企业特点加以识别，并给予积极引导，按照优化竞争结构、政府要素支撑、培育创新优势三个阶段，依次培育集群竞争优势。张伟（2008）提出西部地区具备突出的资源优势，且西部地区产业竞争优势主要集中在资源开采和初级加工领域，应该形成资源型产业集群化发展模式，以提高对资源的有效利用，并就产业集群化实现机理提出了相应的对策。陈莲芳和严良（2011）认为目前西部地区矿产资源产业仍停留在无序“扎堆”的集聚状态，使得产值利润率不高，而加工类产业的集聚度严重不足，限制了资源产业集聚效应的发挥，并进一步验证了产业集聚度与产业竞争力存在较强的正相关关系，因此，提高产业集聚度是推动产业竞争力提高的重要任务。二是通过产业结构调整来提升产业竞争力。资源型产业粗放型发展模式和长期忽视生态环境的短视行为，制约了资源型产业竞争力的提高，不仅使得产业发展陷入了困境，而且严重影响了资源型地区经济可持续发展能力的实现，无论是将环境因素作为产业发展的外部性条件，还是看作产业发展的内部因素，资源环境双重约束都是资源型产业发展无法回避的客观事实。鉴于此，学术界加大了对资源型产业结构调整的研究力度，从资源型产业结构调整的角度来看，资源产业无论是规模还是水平均低于非资源型产业，无法形成规模效益，这就使得资源型产业所在区域的经济结构单一化，也增加了经济运转的风险。赫希曼（A. O. Hirschman，1958）在其出版的《经济发展战略》著作中提出了不平衡增长模型，由于资源稀缺性和不均衡性特点，产业发展在依托资源优势为的基础上，应对有限的资源进行合理配置，优先发展经济效益高、资源消耗少、环境污染更小的产业。赫尔曼·戴利（1973）认为人类发展必须借助于资源，提出要尽可能地降低资源消耗，鼓励发展资源节约型且少量环境污染的产业，并优化产业结构[93]。Miller 和 Blair（1985）对行业能源资源的使用情况和污染物排放情况进行考察，主张对现有产业结构进行调整的对策建议[94]。

指导产业结构调整的理论主要有：刘易斯的二元结构转变理论、罗斯托的主导部门理论、赫希曼的不平衡增长理论、筱原三代平的两基准理论等。国内学者在这些理论的指导下，对我国资源型产业结构调整进行了深入的研究，杨国良（2002）针对西部地区的产业结构调整，认为主要存在要素缺口障碍和产业进入、退出障碍。敬莉和张胜达（2012）以典型资源型区域—新疆为代表，从分行业的角度计算了区位熵，发现长期以来对资源的严重依附，给新疆造成极大的发展瓶颈，产业结构调整势在必行，并提出通过政府对硬环境和软环境的双重优化，来实现产业的可持续发展[95]，薛军等（2013）总结得出资源型产业结构调整应该遵循循序渐进的原则，逐渐从低附加值环节提升到高附加值产业，提出将市场机制和政府管制相结合，排除企业进入和退出市场的障碍，创造良好环境。段树国和龚新蜀（2013）采用偏离—份额分析法，对新疆资源型产业竞争力进行测度后，得出新疆应该围绕主导行业发展的同时，培育相对具有潜力的行业，来提升资源型产业竞争力。

（3）环境规制对资源型产业竞争力影响研究。环境规制与资源型产业竞争力的研究，一般是将资源型产业并入到制造业的范畴内，或将资源型产业列为污染密集型产业行列进行研究。Jorgenson 和 Wilcoxen（1990）以美国石油、化工、黑色金属以及造纸等行业为研究对象，考察了环境规制对产业绩效有明显的抑制性作用，并引起美国 GNP 显著下降[96]。Hamamoto（2006）以日本制造业为例，构建对数线性回归模型，研究环境规制对技术创新和生产率的影响，发现环境规制能够有效促进研发投入的增加，且对日本制造业全要素生产率起到积极的推动作用[97]。王凯（2012）认为环境规制对工业行业出口竞争力的制约作用只体现在短期内，随着规制强度的逐步提升，会对技术水平和生产效率形成明显促进作用，环境保护和产业贸易增长最终出现双赢局面[98]。李婉红等（2013）选择 16 个污染密集行业，其中 11 个行业为资源型产业，研究环境规制与绿色技术创新之间的关系，发现是否考虑行业规模和创新人力资源投入两个变量，会直接影响环境规制与技术创新的关系，在考虑的情况下，二者关系为正相关关系，在不考虑的情况下，则是负相关关系，说明政府制定的环境规制存在不完全的情况，同时也证实了“波特假说”成立是具备一定条件限制的。刘洪儒等（2013）选择 38 个行业的大中型企业数据，从固体废弃物综合利用价值的视角出发，就环境规制与竞争力关系进行实证分析，得出环境规制与竞争力呈负相关的结论，技术创新对竞争力起到了抑制作用，进一步指出环境规制指标的准确衡量，会对所得结论产生直接影响。仇冬芳和周月书（2013）从制造业中抽取污染排放量较大具有一定代表性的污染密集型产业，即黑色金属冶炼和压延加工业、化学原料和化学制品制造业、医药制造业等3个行业作为研究对象，分别建立VAR模型和VEC模型，并以环境污染治理投资强度来替代环境规制，发现环境污染治理投资强度与产业存在长期协整关系，得出环境规制目前对产业竞争力没有产生根本影响，但污染密集产业的发展却对环境规制存在正面或负面影响，因此，建议应该对污染密集型产业结构进行升级改造，政府以财政和金融政策全力支持，实现产业良性发展的同时提升产业竞争力。

2.2.2 环境规制与产业竞争力关系研究

1. 国际研究

关于环境规制对产业竞争力的影响问题，国外学者展开了诸多研究，按照环境规制对产业竞争力的影响结果归纳，目前国际上形成了三种具有代表性的观点：

（1）制约论。学者们从经济理论出发认为环境规制会削弱产业或企业的竞争力水平。原因基于以下几个方面：一是由于环境规制提高了产品的生产成本从而迫使企业增加投资（Pashigan，1984），企业很有可能会因此而丧失原有的市场份额（Knutsen，1995；Leonard，1998），造成产出和利润的降低（Christiansen & Haveman，1981；Siegel & Johnson，1993）；二是环境规制使企业必须提高工艺水平，工艺流程的改变使得管理费用和管理难度增加（Brock & Evans，1986）；三是环境规制使得管理者不得不将精力集中在降低污染上，而限制了对企业长远发展战略的关注和其他生产决策（Walley & Whitehead，1996），加之企业决策的时滞和技术创新需要一个较长的过程，企业竞争力明显被削弱了（Lanoie & Tanguay，1995）；四是在市场竞争日益激烈的情况下，环境压力会促使企业增加研发投资造成额外的成本负担，环境规制制定的专门技术标准不利于技术创新的开展（Rhoades，1985；Jaffe，1995）。有一些研究是通过建立经济模型来得到答案，Palmer（1995）[99]认为，同样的一个经济模型，增加某些约束性条件会降低最优解的水平，环境成本的增加极大地降低了最大化受益水平，使得产业竞争力下降。Simpson 和 Bradford（1996）[100]也观察到环境规制对产业竞争力确有负面影响，只是还没有找到相应的理论依据。

持制约论观点的学者被称作“悲观派”①，认为环境成本包含在企业成本

① 出自于赵细康．环境保护与产业国际竞争力理论与实证分析［M］．中国社会科学出版社，2003：378－380.

内，将关注的焦点放在环境规制对企业成本所造成的影响，若环境规制使得生产成本提高，则必然降低企业的所得利润，而且会导致恶性循环，影响产品出口进而丧失市场份额。总之，悲观派认为，实施环境规制使企业得不偿失，环境规制会弱化产业竞争力。

（2）双赢论。认为实行环境规制不仅不会降低产业竞争力，而且环境规制越严格越有利于产业竞争力，这与悲观派的观点完全不同。波特（Porter，1991；Porter & Vander Linder 1995）[101][102]认为学者们之所以产生意见分歧的原因，是由于研究角度的不同，基于静态角度的研究大多会得到消极结论，波特等人从动态的角度出发，对环境规制与产业竞争力之间的关系进行了全新的解读，通过研究发现适当的环境政策能够鼓励技术创新，既能节约成本同时还可以弥补环境规制带来的损失，企业最终可以通过环境规制获益，这种打破传统观点的新结论，立刻引起了学术界更多的关注和思考。当然，波特得出的研究结论是建立在环境规制设计合理的基础之上，合理的环境规制应该包含激励机制，使得企业自发地配合环境标准进行技术创新，方能起到促进产业竞争力的最终功效。这一点正与 Sartzetakis 和 Constantatos（1995）的研究相契合，并正式提出国际竞争力的强弱与环境规制的形式直接相关。Gardiner（1994）进一步补充到，若企业能够尽早地按照环境规制标准来安排生产过程，那么环境规制对产业竞争力的促进作用将更加明显。Eliste 和 Fredriksson（1998）[103]通过建立理论模型的方式，为环境规制增加产业竞争力寻找理论依据。Slater 和 Angel（2000）认为只有进行技术创新，企业才可以获得一系列的先动优势，如效率优势和整合优势并以此来提高产业竞争力。Murty 和 Kumar（2003）发现厂商的技术效率会随着环境规制强度的增加而有所提升。

总之，乐观派从长期的动态角度得出，适当的环境规制通过刺激企业技术创新，可以实现产业国际竞争力的提高，跳出了环境规制只会使外部环境成本内部化的认识局限，拓展和延伸了学术界对环境规制和产业竞争力影响的认识，为二者关系分析开辟了另一条新途径。

（3）综合论。综合论认为环境规制对产业竞争力的影响关系不确定。随着对前两种截然不同观点的争论和研究的深入，学者们提出了更多不同见解。第一种是认为两者影响关系不显著，Walter（1973）以美国为样本，得出环境标准对一国贸易没有造成太大影响。Tobey（1990）在基于对 23 个国家相关数据分析的基础上，发现环境保护与产业国际竞争力之间并未呈现出明显的相关性。Jaffe（1995）[104]指出，对于环境规制究竟与产业竞争力是何种关系，还没有充足的理论依据作支撑。Lanoie 等（2001）[105]在对加拿大魁北克地区 17 个制造业进行考察时，发现环境规制对产业生产率的当期影响为负，但长期影响却为正向关系。这些结论均认为环境规制对产业竞争力没有影响或者影响很小。第二种是认为研究二者关系还应考虑其他诸多因素，也就是要视具体情况而定。Kalt（1988）通过对美国污染密集型产业的考察后，指出加大环境规制会削弱污染密集型产业的竞争力，只是对化工污染型产业指标的遗漏，使所得结论不够令人信服，但这项研究足以引起学者们对不同产业领域环境规制效果的重视。此外，环境规制对产业国际竞争力的影响体现在不同行业上，Domazlicky 和 Weber（2004）验证了化工行业在环境规制下每年生产率保持 2% 以上的增长速度，反驳了环境规制必然导致产业竞争力下降的结论。Ashfaqul 和 Babool（2005）分析了 6 个经济合作与发展组织（OECD）成员的贸易数据，认识到环境规制与产业国际竞争力的关系要视具体行业而定，并得出纺织、钢铁等行业，提高环境规制水平会对产业国际竞争力产生不利影响，而对于食品行业则恰好情况相反。Lee（2008）研究发现环境规制致使韩国 15 个制造行业生产率均出现下降，但不同行业下降幅度不同。

随着对环境规制研究的深入，环境规制与产业竞争力的关系不是表现出或正或负的简单状态，两者关系呈现出分国家、区域、阶段、产业、行业的差别，并且环境规制通过多种要素、多个途径对产业竞争力发生作用，这些因素的综合作用会改变影响关系的最终状态。同时，环境规制对国际竞争力的影响，既有成本增加带来的损失，也有技术创新获取的收益，既让企业陷入困境，也给企业前进的动力，各种因素交织在一起，所以导致环境规制对产业竞争力影响关系不明确。

2. 国内研究

20 世纪 80 年代后，随着发展中国家环境保护措施趋于严格，环境规制和产业竞争力的关系问题也逐渐成进入人们的视野，引起了国内学者们的高度关注。在国外已有研究成果的基础上，国内学者主要集中在以下几个研究层面。

（1）环境规制与贸易竞争力研究。朱允卫（2002）认为基于环境规制背景下的国际分工是必然趋向，应该将环境作为要素禀赋内部化，短期环境规制对比较竞争优势产生不利影响，阻碍出口贸易，但长期有利于促进发展中国家更多地参与国际分工，构建可持续发展的产业体系；马丽和刘卫东（2003）简单地看，国际贸易的蓬勃发展给东部地区造成了一定的资源环境压力，但从弹性系数角度衡量，国际贸易非但没有加剧地区污染，反而有助于减缓这种压力和污染，这就说明了国际贸易和吸引外资对地区环境形成的影响呈现阶段化，由于环境保护体系的不完善，这种负面影响更容易出现在贸易发展的早期阶段；张弛和任剑婷（2005）研究了在环境规制引起的我国对外贸易发展策略研究，倡导在经济全球化过程中，应调整对外贸易政策，体现环境规制的引导作用，以此推动对外贸易的可持续发展及国际竞争地位的提升；朱启荣（2007）采用计量经济学分析方法，发现出口贸易的增长给环境带来了副作用，加大环境治理投资会降低出口贸易额；许冬兰（2012）认为由于我国对外贸易产品中隐含碳问题，这意味着贸易顺差越大给国内造成的生态环境压力越大，过高的贸易顺差建立在更高的生态环境逆差基础上，提出对当下贸易结构进行调整并实现贸易转型的建议。可见，环境规制在国际贸易中发挥着越来越重要的作用，更深刻影响着对外贸易策略的变迁，积极参与国际分工，需要我们以长远发展的眼光，来审视环境规制对贸易竞争力的带动作用。

（2）环境规制与产业竞争力研究。赵细康（2004）系统梳理了环境保护与产业国际竞争力的关系，认为增加环境成本意味着抬高了出口产品价格，拉低了国际竞争力，而进口的增加及污染产业的进入，会恶化产业的发展环境，影响了产业国际竞争力的发展潜力；傅京燕等（2010）考察了环境规制和要素禀赋对产业国际竞争力的影响，得出二者为不规律的“U”型曲线，曲线左端表示短期主要呈现负向影响，曲线右端表示长期则为正向关关系，环境规制在产业国际竞争力中扮演着的双面角色，增加企业成本的同时又会诱发企业创新，但我国目前仍处于“U”型曲线的左端；徐敏燕等（2013）加入了产业集聚因素，分别考察了环境规制对不同污染程度的产业竞争力的影响，对“波特假说”再次进行了验证，发现产业的创新效应与产业的集聚效应，共同对产业竞争力产生影响，得出波特假说并非在所有产业部门都成立，创新效应与集聚效应存在相互抵消的过程，具体体现在重污染产业削弱了产业竞争力，中度污染产业提高了产业竞争力，轻度污染产业不明显，进而揭示出环境规制的实施要使产业的集聚效应和创新效应有机结合，才能有效提高产业竞争力。

（3）环境规制与企业（产品）竞争力研究。张小瑜（1999）指出环境措施的确会削弱部分产品的竞争力；曲如晓（2001）深入探讨了环境标准与企业的国际竞争力之间的关系，指出实施严格的环保标准非但不会造成使企业竞争力的丧失，而且会迫使企业进行环境技术创新，提高劳动生产率的同时强化了企业竞争力；张嫚（2004）认为环境规制与企业竞争力关系，主要取决于企业面临的内外部条件、环境管理动机等多种因素，只有充分考虑到这些因素的影响，才能对二者关系做出进一步判断；凤亚红（2004）得出的研究结论是，环境规制的确有助于促进企业的创新和竞争力的提高，但前提条件是政府必须成功改变企业对抗环境问题的态度，企业应该抓住环境规制创造的新竞争机遇，努力创新，放弃简单的污染控制方式，通过调整资源生产方式来解决环境污染；胡建兵和顾新一（2006）认识到环境规制地区差异性普遍存在，整体上呈现出由弱变强，相对应的企业的行为有积极和消极两种方式，在环境规制下，企业会选择在适中的生产规模上进行生产，有利于最优的生产要素配置和社会福利的实现，而消极表现则恰恰相反，这就不得不引起我们对企业行为的重视；董敏杰等（2011）通过构建投入产出模型，认为环境规制给产品国际竞争力所造成的削弱作用是非常有限的，没有必要过度担忧。

（4）环境保护对产业国际竞争力的影响机制。赵细康（2003）通过构建综合分析模型，建立起环境保护对产业国际竞争力的分析框架，以便于较系统地分析两者关系的影响机制，具有一定理论与实践价值，为更好地研究影响机制提供了理论指导；彭海珍（2004）研究了环境规制对企业国际竞争力影响的内在机制，建议应结合现有环境政策，构筑起提升环境国际竞争力的制度体系；唐文任（2006）以我国造纸产业为例，分析了环境因素对产业国际竞争力的影响机制，环境规制中的激励手段有利于企业竞争优势的形成，这将带动出口的增长，政府在运用行政手段加大污染治理时，应多采用经济手段鼓励企业的环保行为；王虹（2008）建立了环境污染最优控制模型，深入剖析了环境规制对企业决策的影响过程，理解了环境规制以成本的形式对企业国际竞争力造成影响，为环境规制的传导途径提供了分析基础；王龄珺和赵西萍（2010）构建了环境规制作用分析矩阵，得出不同企业对环境规制的反应程度不同，主要与企业的排污状况、产品属性、研发能力、消费者偏好等因素均有关联，环境规制将借助于这些因素对企业竞争力造成实质性影响，最终使得成本低又具有产品差异化的企业竞争力上升。这给我们分析环境规制对产业竞争力的影响机制提供了良好的借鉴。

第一，环境规制对产业集聚的影响研究。高爽等（2011）以无锡市区为例，研究制造业集聚和水污染的空间关联性，发现污染密集型产业呈现出向市区以外环境容量大的郊区集聚的格局，并且污染排放围绕本地区的河流排水通道向外围逐渐扩散的趋势，企业集聚和污染排放的形成主要受行业结构、环境承载力以及地区污染治理强度的影响，均出现明显的地域和行业差异性，提出当地政府应该按照不同环境压力和生态环境承载力实行分区域管制，加强污染密集企业集聚地区生态产业链建设，优化产业空间布局。金祥荣等（2012）分别建立了高污染、低污染行业的新经济地理学模型，发现地区环境政策的差异是导致行业生产成本差异的主要原因，欠发达地区往往采取降低环境标准的做法吸引企业，结果造成高污染的“肮脏”行业驱逐低污染的“清洁”行业的现实，改变了区域产业转移和产业结构。张可和豆建民（2013）采用结构方程模型，分析了集聚对污染的作用机制，指出集聚过程中伴随着产能扩张和能源消耗增加，这些因素会通过产业规模和结构作用于环境，集聚的最终结果是环境污染加重，但如果集聚促进企业开展环保技术改进则会改善环境状况，应引导产业集聚带来的正外部性（Baomin 等，2012）。赵少钦等（2013）在借鉴经典的 FC 模型（自由资本模型）基础上，将环境跨部门外部性和跨界外部性因素纳入考察，分析了环境规制影响产业集聚的机制，并采用 2001～2010 年中国省际制造业的面板数据进行检验，得出结论：环境规制是通过需求效应、成本效应对产业集聚产生影响。低环境规制水平下，成本效应大于需求效应，产业集聚与环境规制成反向变动关系；高环境规制水平，则需求效应超过成本效应，产业集聚与环境规制成同向变动关系。整体而言，产业集聚与环境规制之间呈现“U”型关系。

第二，环境规制对全要素生产率的影响研究。Xu（2000）以福建和云南两省为例，考察了环境规制对造纸行业污染排放和生产率的影响，得出环境规制的效果因企业规模不同而出现差异，大企业的生产率得以提高，小企业生产率却出现不同程度的下降，企业的规模象征着企业是否拥有技术创新的实力；王兵等（2008）考虑环境规制影响后，全要素生产率增长水平有所提高，技术进步成为主要增长源泉；解垩（2008）运用 DEA 方法测度了 Malmqusit 生产率指数，由于技术进步对生产率的影响存在相互抵消，得出结论是环境规制没有对工业生产率产生明显的影响；陈诗一（2010）认为从短期来看，环境规制的实施会对技术进步造成负面影响，但长期实施环境规制有助于改善环境质量，并且能提高全要素生产率水平；王杰和刘斌（2014）发现环境规制与企业全要素生产率的变动关系整体为倒“N”型，体现出明显的阶段性特征，也就是说先出现同步下降，接着是同步递增，最后出现反向变动关系，但由于目前环境规制水平仍然较低，因此环境规制与企业全要素生产率的关系也只停留在第一阶段[106]；蔡宁（2014）研究了环境规制对全要素生产率的影响，进行东中西部对比，发现西部地区降幅最大，中东部降幅递减，西部地区通过牺牲环境换取经济发展的迹象较为明显，环境规制对绿色工业全要素生产率的提高有积极影响，此外，技术创新、外商直接投资等也会对绿色工业全要素生产率产生重要作用[107]。

第三，环境规制对技术创新的影响研究。黄德春和刘志彪（2006）将技术系数引入 Robert 模型，实证研究得出，环境规制一方面的确会增加企业费用，另一方面也会带动一定程度的技术创新，通过两部分的相互抵消，削减或全部吸收研发成本；陆菁（2007）指出国际环境规制的实施会形成“倒逼型”技术进步机制，倒逼传统产业实现升级改造；赵红（2007、2008）分析了环境规制对产业技术创新的影响，认为环境规制对技术研发有显著的促进作用，但这种影响存在滞后效应，从中长期来看，环境规制激励了技术创新，证实了“波特假说”在中国的适用性；王国印和王动（2011）认为区域技术创新产出受环境规制、经济发展水平以及企业规模影响[108]等。沈能和刘凤朝（2012）的研究结论显示，环境规制对创新的影响存在门槛值，只有超越门槛值环境规制才能对创新起促进作用，但这种关系也表现出区域差异性；李勃昕等（2013）发现环境规制与中国工业行业 R&D 创新效率呈现倒“U”型关系，且依靠环境规制对 R&D 创新效率的提升能力有限，环境规制水平过高，反而会对 R&D 创新效率带来不利影响，此外，环境规制对 R&D 创新效率的促进作用主要体现在轻度污染的技术密集度行业；蒋伏心等（2014）采用 GMM 动态面板模型，得出环境规制不仅会直接影响创新产生，而且会通过 FDI、企业规模、人力资本水平等因素产生间接影响，环境规制与技术创新总体上为先降后升的“U”型特征，随着环境规制的加强，这种影响效应会从“抵消效应”转变为“补偿效应”[109]。

第四，环境规制对 FDI 的影响研究。杨涛（2003）的研究揭示了环境规制一定程度上会影响 FDI 的区位决策，过高的环境规制会抑制 FDI，但 FDI 的进入并不是完全取决于环境规制单一因素；应瑞瑶和周力（2006）发现 FDI 的增加与中国工业污染上升出现高度耦合现象，印证了中国成为“污染避难所”的假说，认为 FDI 是一把“双刃剑”，提醒人们要正确对待 FDI，应该扬长避短，为我国经济健康发展而服务；吴玉鸣（2007）认为 FDI 的进入对环境产生滞后影响，而这种滞后影响会强化环境规制对 FDI 的抑制性作用；郭建万和陶锋（2009）将环境规制因素纳入新经济地理模型，得出环境规制与 FDI 的两种不同结论，如果将产业集聚状况，环境规制与 FDI 的关系与“污染避难所”假说相吻合，如果对产业集聚加以考察，则发现环境规制与 FDI 为正相关关系，这就为我国加强环境规制，提高集聚效应加大引资力度提供了理论指导，坚决抵制以牺牲环境谋求发展的不可取做法；朱翠清和姚宇（2008）从省级视角出发，也验证了环境规制对 FDI 的选择有影响；刘建民和陈果（2008）进一步发现，环境规制影响 FDI 的区位选择在东部地区较为明显，相对而言中西部地区的影响较小；朱平芳等（2010）认为地方政府在吸引 FDI 时，会采取较低的环境保护策略，也就是环境政策博弈行为，但整体来看环境规制对 FDI 的平均影响并不显著[110]。刘志忠和陈果（2009）借助于计量模型，研究了环境管规制下 FDI 的区位分布状况，同样得到环境规制的抑制作用中西部地区大于东部地区；如此看来，“污染避难所”假说在中国一定程度上是成立的，但若将资本积累、生产总值等其他因素同时也纳入考察的话，所得理论可能会有出入，有些学者趁机提出环境规制对 FDI 的负面影响，是环境规制与其他相关因素结合共同作用于 FDI 才形成的，否则二者的相互关系有待商榷；刘朝等（2014）通过研究进一步发现，从长期来看，环境规制强度与 FDI 之间存在互相影响，这种互动关系存在明显的行业异质性特征[111]。

2.3　文献述评

综观目前关于环境规制与产业竞争力的关系研究，国内外初步形成了一定的研究成果，国内学者分别从宏观（国际）、中观（产业）、微观（企业或产品）三个层次进行研究，更深入扩展了到环境规制对产业集聚水平、全要素生产率、FDI、R&D 创新的影响，但所得研究结论莫衷一是。这与前面分析到的环境规制和产业竞争力内涵和定义不一致，以及对众多量化指标和测度方式的不一致性都有很大关系。总体来看，国内学者在该领域研究还处于摸索和模仿阶段，主要有以下三个方面的不足。

（1）国内对具体产业的实证研究重视不够。侧重于考察总体产业，并且主要集中在制造业和工业领域，从实证的角度进行了计量检验，而对具体产业研究力度不够深入和透彻，实证手段和方法的应用尚处于起步阶段，认识尚不全面。针对现有的研究，总结出在中国制造业领域已经初步具备接受更高环境标准的实力，提高环境规制并不会对产业国际竞争力构成威胁。随着中国工业竞争力水平的不断提高，一些工业生产活动逐渐变得更“清洁”，且具有了一定的创新能力，但这并不代表所有工业行业生产已经实现了令人满意的资源节约和环境保护水平。随着国际竞争的加剧，特别是传统产业的诸多弊端已逐渐暴露出来，资源型产业的技术水平和资源利用效率与发达国相比差距较大，尤其在中国面临经济转型的当下，这种问题变得更加严峻和突出。针对具体产业的发展状况而言，上述结论是否也具有适用性，还有待于进一步考证。

（2）忽视了区域内部的差异性。国内外分析主要从国家层面出发，侧重发达国家与发展中国家之间的比较，或就单个国家、单个省市（区域）、东中西三大区域的研究，而忽视了区域内部的差异和对比，没有将区域性特征纳入模型的分析中，弱化了区域环境规制对产业竞争力的影响力，使得出的结论过于宏观和片面，不能充分反映各地区的差异性，不利于提出更有针对性和操作性的解决方案。基于现阶段西部经济欠发达地区承接东部产业转移步伐加快，西部地区面临经济发展和环境保护的双重压力，在新的经济形势下出现新的资源型产业发展等问题，解决这些问题亟待对已有研究理论进行深入探讨。实证研究的进展也为理论研究提供了有力的依据，有助于更新人们对两者关系的全面认识。

（3）研究缺乏系统性和全面性。多数已有研究仅停留在对“波特”假说的验证层面，或就单一方面的影响因素展开研究，所得结论缺乏系统性和全面性，无法真正揭示出环境规制对产业竞争力的影响状况，且缺乏对环境规制作用机制的深入分析，没有厘清环境规制的传导路径，使得人们对环境规制与产业竞争力的关系认识比较零散和杂乱，无法实现通过改变关键环节或传播途径来提高环境规制效率的目的。此外，研究没有深入到产业组织中去，注意力集中在产业间结构的研究而忽视了产业内部结构研究，无法得出产业内行业结构对产业竞争力的影响状况，难以取得具有说服力的研究结论。现有研究成果为我们的研究深入奠定了坚实的理论基础，并提供了良好的借鉴，但总体来看，对于受环境规制影响最大的资源型产业竞争力的研究较为薄弱，因此，本书在借鉴前人研究的基础上，将区域和行业特征融入计量模型，尝试就环境规制对产业竞争力的影响机制进行提炼，以期提出针对提高资源型产业竞争力的对策建议。

第3章

西部地区资源型产业发展现状和问题分析

西部地区资源型产业不仅对本区域乃至全国经济发展都有着不可估量的作用，其发展壮大与国家能源和产业政策的调整紧密相关。因此，对西部地区资源型产业的考察，务必要置其于国家宏观政策的背景之下。通过梳理西部地区资源型产业发展变化的历史轨迹，把脉行业内部结构变动的趋势，发现其在长期发展过程中积累了不少亟待解决的矛盾，这些矛盾不仅严重影响了产业竞争力整体水平，而且制约了区域经济可持续发展的实现。随着中央明确提出加强生态建设和环境保护力度，面临越来越严峻的环境要求，有必要从产业内部入手，摸清西部地区资源型产业发展模式和途径，对进一步提高资源型产业竞争力具有重大现实意义。

3.1 西部地区资源型产业概况

西部地区包括内蒙古、广西、重庆、四川、贵州、云南、陕西、甘肃、青海、宁夏、西藏、新疆十二个省、直辖市和自治区，土地面积681万平方公里，占全国国土总面积的71%；2012年西部地区总人口约3.64亿，占全国人口总量的26.90%[①]。西部地区疆域辽阔，但其中大部分区域属于经济欠发达地区。西部地区拥有得天独厚的资源禀赋，为发展资源型产业提供了良好的基础性条件，资源型产业对拉动西部地区经济持续增长和国家能源供应方面都做出了卓越的贡献，资源型经济已然成为西部地区实现工业化和经济发展的重要依托。尤其自西部大开发以来，国家加大了对西部地区的支持和开发力度，资源型产业发展迎来了快速增长阶段。

---

① 根据《2013年中国统计年鉴》计算所得。

3.1.1 西部地区资源概况

西部地区蕴藏着极其丰富的能源和矿产资源，目前拥有全国已探明矿产资源储量的70%以上。2012年，西部地区的石油、天然气、煤炭三大能源的基础储量分别占全国37.65%、84.80%和41.34%，成为我国当之无愧的能源储备和输出基地。西部地区具备优越的自然资源禀赋，其矿产资源不仅储量丰富而且种类齐全，集中分布便于开采和形成大型原材料加工基地①。目前，西部地区已发现171种矿产，在其所拥有的主要矿产资源中，有16种矿产资源保有储量均占到全国的30%以上，其中锰矿、锌矿的基础储量占全国70%～90%；储量占到全国的30%～60%的有铁矿、铬矿、铜矿、铅矿、铝土矿、硫铁矿、磷矿、高岭土等；钒矿、原生钛铁矿等个别矿种储量可以占到全国90%以上。西部地区蕴藏和可开发的水力资源分别占全国的82.5%和77%，水能资源也比较丰富②（见表3－1和表3－2）。

表3－1　　西部主要能源、黑色金属矿产基础储量（2012）

地区	石油	天然气	煤炭	铁矿	锰矿	铬矿	钒矿	原生钛铁
全国	333 258.33	43 789.88	2 298.86	194.77	20 938.18	405.01	877.49	21 088.22
内蒙古	8 517.07	8 344.30	401.66	15.58	567.88	56.29	0.77	—
广西	139.00	1.24	2.08	0.29	8 590.40	—	171.49	—
重庆	158.63	1 928.31	19.85	0.22	1 678.45	—	—	—
四川	804.63	9 351.09	54.53	29.66	97.74	—	547.03	19 049.87
贵州	—	5.44	69.39	0.13	3 559.77	—	—	—
云南	12.21	2.24	59.09	4.29	1 029.47	—	0.07	—
陕西	31 397.94	6 376.26	108.99	3.85	281.82	—	8.40	—
甘肃	19 184.32	224.58	34.08	3.84	259.04	124.83	89.87	—
青海	6 499.44	1 281.60	15.97	0.06	—	1.38	—	—
宁夏	2 299.47	294.96	32.34	—	—	—	—	—
新疆	56 464.74	9 324.37	152.47	4.27	569.93	44.18	0.16	46.05
西部	125 477.45	37 134.39	950.45	62.19	16 634.50	226.68	817.79	19 095.92
占全国	37.65%	84.80%	41.34%	31.93%	79.45%	55.97%	93.20%	90.55%

资料来源：《中国统计年鉴（2013）》。其中天然气单位为亿立方米，煤炭、铁矿单位为亿吨，其余单位为万吨。

表3－2　　西部主要有色金属、非金属矿产基础储量（2012）

地区	铜矿	铅矿	锌矿	铝土矿	硫铁矿	磷矿	高岭土	水资源量
全国	2 734.41	1 454.65	3 490.74	90 589.97	134 285.39	30.74	38 143.46	—
内蒙古	370.49	391.07	735.15	—	16 325.13	0.02	—	510.25

① 蔡绍洪．循环产业集——西部地区生态化发展的新兴产业组织模式［M］．北京：人民出版社，2010.

② 张平．201 1国家西部开发报告［M］．浙江浙江大学出版社，2011.

续表

地区	铜矿	铅矿	锌矿	铝土矿	硫铁矿	磷矿	高岭土	水资源量
广西	3.29	25.30	101.07	41 529.43	837.06	—	1 085.36	2 087.40
重庆	—	5.56	18.35	5 611.47	1 453.1	—	15 123.2	476.89
四川	70.71	85.13	218.59	14.40	40 990.95	3.60	9.00	2 892.36
贵州	0.30	4.43	68.96	12 628.85	5 532.66	6.87	56.1	974.02
云南	300.76	213.14	889.46	1 485.24	4 944.86	6.50	16.05	1 689.77
陕西	20.02	31.10	75.90	0.89	108.3	0.05	402.30	390.49
甘肃	159.46	79.82	323.95	—	1.00	—	81.10	266.95
青海	35.70	73.41	140.94	—	50.07	0.60	—	895.22
宁夏	—	—	—	—	—	0.01	—	10.81
新疆	82.06	78.86	118.12	—	17.44	—	12.16	900.63
西部	1 042.79	987.82	2 690.49	61 270.28	70 260.57	17.65	16 785.27	11 094.80
占全国	38.14%	67.91%	77.08%	67.63%	52.32%	57.42%	44.01%	—

资料来源：《中国统计年鉴（2013）》。水资源的单位为亿立方米，磷矿的单位为亿吨，其余单位为万吨。由于西藏的资源储量较小，没有统计在内。

西部地区依托这些丰富的矿产资源和能源，形成了独具特色的能源和资源加工基地。主要包括有色金属综合开发利用、稀土研发和生产、钾肥、磷复肥、钢铁的生产和开发，见表 3-3。

表 3-3 西部地区优势矿产资源开采及加工基地

矿产资源种类	所在区域或企业
有色金属综合开发利用	铜：云南、新疆；铅锌：广西、贵州、重庆、内蒙古；铝：云南；钒钛：四川；钼：陕西；镍：甘肃；钠镁锂：青海；钽铌铍：宁夏
稀土研发和生产	内蒙古、四川、甘肃
钾肥	青海柴达木、新疆罗布泊
磷复肥	云南、贵州
钢铁	包钢、攀钢、酒钢、柳钢、昆钢、八一钢厂、水钢等

资料来源：《西部大开发“十一五”规划》，中国西部开发网（http：//www.chinawest.gov.cn/web/NewsInfo.asp？NewsId＝35013）。

3.1.2 西部地区资源型产业的贡献

西部地区的 GDP 从 1998 年的 8 239.96 亿元，增加到 2012 年的113 203.77 亿元，与此同时，资源型产业产值从 1998 年的 3 806.82 亿元，增加到 2012 年的 74 684.02 亿元，综观西部地区资源型产业的整体发展状况，1998～2012 年资源型产业对区域经济增长的贡献率呈现出稳态增加趋势，资源型产业发展与地区 GDP 增长轨迹出现高度耦合状态，其中资源型产业对地区 GDP 的贡献率从 1998 年的 46.20%，增加到 2012 年的 65.97%（见图 3-1），由于 2000 年国家开始实施了西部大开发战略，受总体发展规划的影响，西部地区开始调整产业结构，加快基础设施和生态环境的建设①，2001 年和 2003 年，资源型产业产值增幅有所减缓，之后出现较均衡的连续递增，可以看出，西部地区 GDP 的增长幅度要远快于资源型产业的发展速度，但不可否认，资源型产业在西部地区的 GDP 中几乎占据了"半壁江山"，2004 年以后已经占据了多半个江山。西部地区经济腾飞得益于资源型产业的强有力支撑。可见资源型产业在西部地区经济发展中的重要作用，它的健康发展不仅决定着产业自身的兴衰，更掌控着地区经济发展的命运，扼住地区经济发展的咽喉。

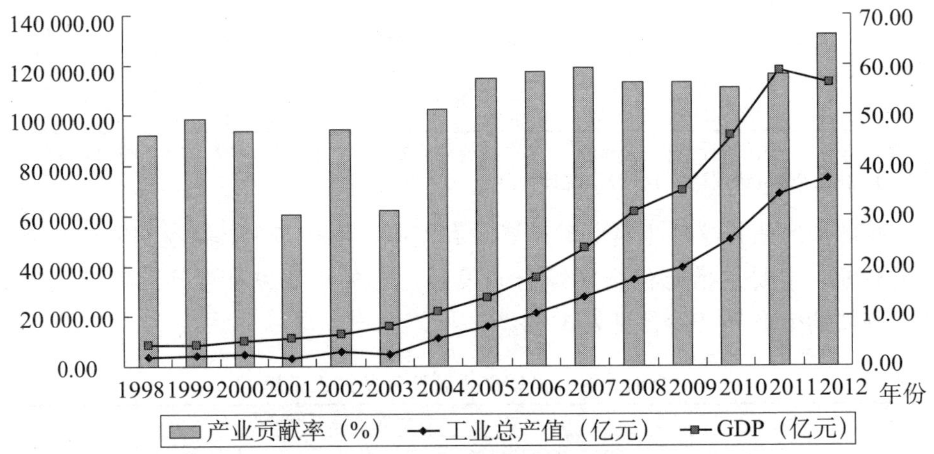

图 3－1　西部地区资源型产业对 GDP 的贡献（1998～2012 年）

将西部地区的各个资源型产业发展状况进行对比，选取 1998 年、2005 年、2012 年三个不同时间段，分别代表实施西部大开发前、西部大开发中、第二轮西部大开发阶段，发现煤炭采选业和冶炼业、石油加工、炼焦及核燃料加工业、化学原料及化学制品制造、非金属矿物制品业、黑色金属冶炼及压延加工业、有色金属冶炼及压延加工业、电力、热力的生产和供应业七个产业的产值增长较快（见图 3－2），其中 2012 年煤炭采选业冶炼业和黑色金属冶炼及压延加工业以及电力、热力的生产和供应业的产值最高，分别达到 10 583.74 亿元、10 496.12 亿元和 10 933.33 亿元，图 3－3 中进一步验证了资源型产业的变动趋势；产值较低的是石油和天然气开采业、黑色金属矿采选业、有色金属矿采选业、非金属矿采选业、化学纤维制造业、金属制品业六个产业，可以发现，这些产业虽然是西部地区资源型产业的组成部分，但工业生产总值并不是很高，其未来提升空间有限，对地区经济的拉动作用不是很明显。

---

① 中国网．2000 年西部大开发：撬动"东强西弱"格局．http：//news.china.com.cn/2013lianghui/2013－02/22/content_28034269_2.htm. 2013－02－22.

增长较快、产值较高的产业会逐渐崛起为西部地区的主导产业，未来西部地区经济的发展方向是在依托优势产业的基础上，拓展相关的产业链，进一步提高产业的竞争力水平，成为带动地区经济可持续发展的驱动力，主导产业的良性发展为地区经济发展指明了方向。

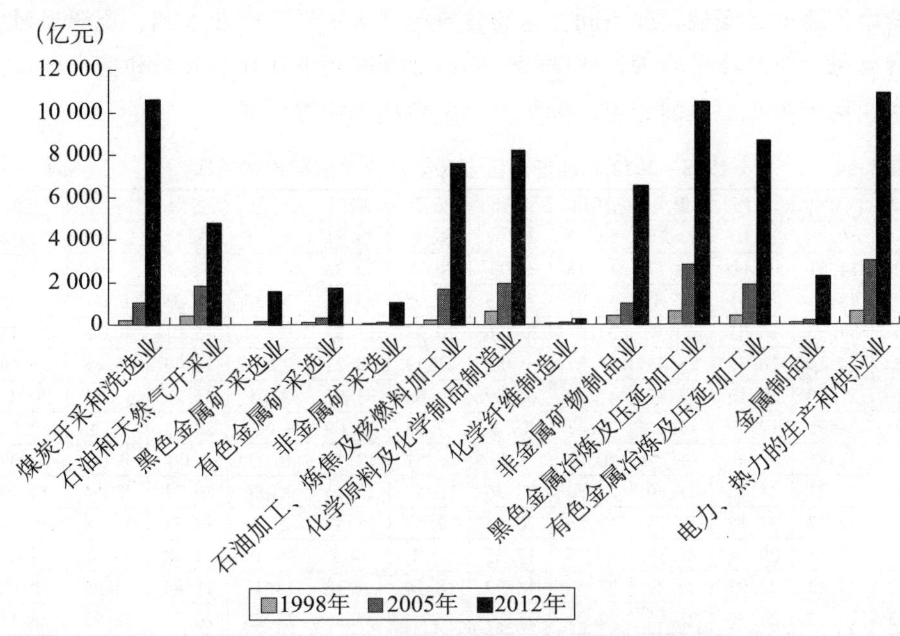

图 3-2　西部地区资源型产业工业总产值

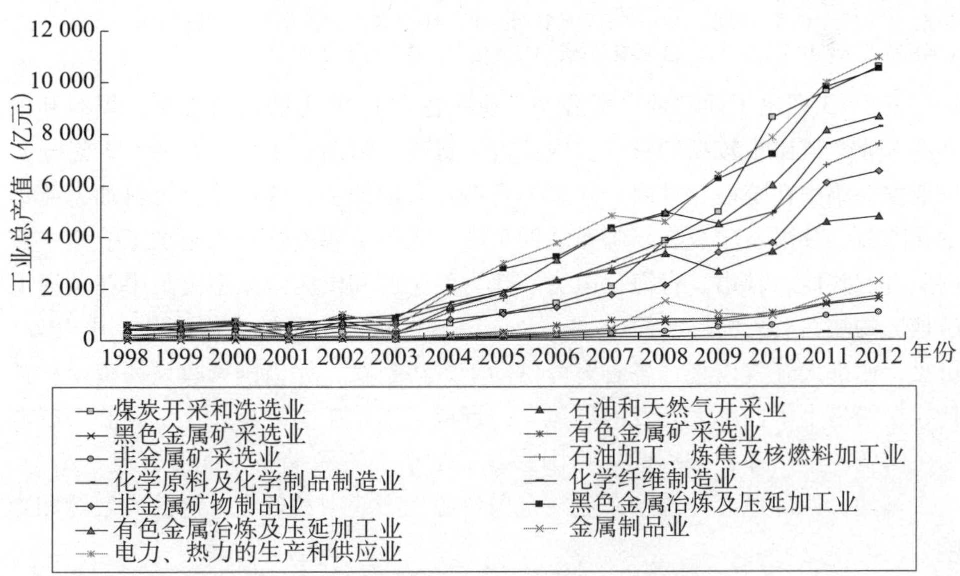

图 3-3　西部地区资源型产业工业产值变动趋势

随着西部地区工业化进程的推进，为资源型产业发展提供了巨大的发展空间和需求市场，资源型产业取得了骄人的成绩，在这一阶段资源型产业出现了迅猛的发展势头，但个别行业有出现负增长的现象，表 3－4 给出了 1998～2012 年采矿业和加工制造产业的年平均增长速度。可以看出，各省资源型产业的增长速度和变动状况不同，这与各省的技术水平、产业基础、资源禀赋的差异有关，但产业平均增长速度较快的行业普遍集中在煤炭开采和洗选业、黑色金属矿采选业、石油加工、炼焦及核燃料加工业等行业。

表 3－4　　1998～2012 年西部地区资源型产业产值平均增长率　　单位：%

行业	内蒙古	广西	重庆	四川	贵州	云南	陕西	甘肃	青海	宁夏	新疆
A1	36.98	11.07	23.77	28.17	35.97	30.33	38.84	22.26	38.57	29.78	22.76
A2	34.51	0.00	21.77	15.18	0.00	0.00	35.33	13.13	16.9	-5.92	13.96
A3	48.46	28.51	15.4	45.94	24.45	33.05	45.71	24.35	39.33	0.00	38.95
A4	34.93	16.51	21.8	34.07	5.786	20.23	17.27	11.24	16.01	0.00	26.75
A5	34.11	20.37	25.43	25.87	0.00	21.19	29.21	-22.5	18.43	28.68	13.68
A6	27.26	39.16	27.87	41.42	65.89	53.03	33.91	21.4	41.26	37.11	27.47
A7	28.98	19.09	17.86	21.41	19.3	17.85	20.09	8.664	28.82	21.1	29.59
A8	0.00	0.00	-9.74	20.47	0.00	6.361	12.14	0.00	0.00	0.00	37.38
A9	30.24	21.56	21.86	23.89	22.36	15.57	25.13	9.486	20.21	22.54	19.17
A10	22.67	31.18	19.73	17.86	20.54	22.67	28.47	21.4	18.73	30.08	26.33
A11	34.11	20.94	25.36	23.15	17.35	24.1	34.1	18.19	21.48	25.62	24.41
A12	34.42	22.93	27.29	27.00	15.99	18.14	21.48	14.19	11.84	15.96	18.00
A13	24.92	24.39	21.13	22.31	23.76	22	23.36	17.25	20.72	32.91	24.13

注：A1—煤炭开采和洗选业；A2—石油和天然气开采业；A3—黑色金属矿采选业；A4—有色金属矿采选业；A5—非金属矿采选业；A6—石油加工、炼焦及核燃料加工业；A7—化学原料及化学制品制造业；A8—化学纤维制造业；A9—非金属矿物制品业；A10—黑色金属冶炼及压延加工业；A11—黑色金属冶炼及压延加工业；A12—金属制品业；A13—电力、热力的生产和供应业。

表 3－5 列出了西部地区资源型产业在各省 GDP 中的产值分布，煤炭开采和洗选业产值比重较高的省份有内蒙古、贵州、陕西、宁夏；石油、天然气开采业主要集中在陕西、甘肃、新疆、青海；石油加工、炼焦及核燃料加工业集中在陕西、甘肃、宁夏、新疆西北四个省；黑色金属冶炼及压延加工业集中在内蒙古、陕西、甘肃、青海；电力、热力的生产和供应业则主要集中在黄河上游地区的陕西、青海、宁夏等省，及云南、贵州进行了较大规模的水电开发。可见，西部大开发以来，各省充分借助于资源禀赋，凭借国家政策和资金的扶持，纷纷搭上了西部大开发的顺风车，形成了以采矿、冶金、化工和装备制造为主的资源型产业，并逐渐成为国家重要的矿产资源储备、能源开发、冶金、化工基地，西部地区资源型产业在全国资源型产业中具备了一定的代表性和影响力。

表 3-5　　西部地区资源型产业产值在各省 GDP 中所占比重（2012）　　单位：%

行业	内蒙古	广西	重庆	四川	贵州	云南	陕西	甘肃	青海	宁夏	新疆
A1	24.44	0.25	3.11	5.18	18.16	4.87	39.67	4.14	9.98	18.42	3.13
A2	3.58	0.00	0.11	1.67	0.00	0.00	30.35	8.21	13.15	0.05	18.30
A3	3.05	1.18	0.09	2.02	0.30	1.71	1.81	0.16	0.53	0.03	1.62
A4	3.45	2.15	0.03	1.36	0.24	1.98	3.08	0.76	2.28	0.00	0.83
A5	1.33	1.10	0.65	1.56	1.05	0.94	0.74	0.00	0.93	0.04	0.21
A6	2.84	7.59	0.48	2.09	1.54	2.45	34.09	20.41	3.68	18.42	22.29
A7	8.36	6.03	6.26	9.05	8.11	8.21	10.52	3.46	14.53	10.87	6.87
A8	0.00	0.00	0.02	0.63	0.00	0.13	0.26	0.00	0.00	0.00	1.18
A9	4.48	7.93	5.99	8.58	5.28	3.49	12.84	1.69	4.00	4.76	4.25
A10	10.54	13.89	5.75	8.90	8.41	9.82	14.43	11.84	10.51	9.40	9.87
A11	10.04	6.93	4.21	3.02	5.42	13.82	19.86	16.88	26.26	15.20	3.20
A12	2.83	1.64	2.75	3.36	0.99	0.75	3.66	0.62	0.45	1.21	1.02
A13	10.97	8.64	5.09	7.36	17.13	10.58	21.89	12.26	16.28	25.83	8.25

资料来源：同上表。

3.2　西部地区资源型产业发展历程

按照国家制度与政策对资源型产业发展的影响，主要分为计划经济和市场经济时期。资源型产业发展对自然资源和能源有着强依附性，而资源本身其固有的可耗竭性和不可再生性，使得资源型产业发展呈现出明显的阶段性和周期性特征，资源型产业竞争力的成长和环境污染也与之呈现出一致性地变化。分析资源型产业发展必须依照生命周期理论分阶段进行，根据各个阶段资源型产业成长能力的强弱将资源型产业的发展分为三个主要阶段来研究：一般可以分为起步阶段、成长阶段、成熟阶段以及衰退阶段的四个阶段[112]。

1. 起步阶段

西部地区资源型产业的形成与国家的方针政策密不可分。从新中国成立初期开始，我国受苏联工业经济发展的直接影响，并迫于国内“一穷二白”和经济短缺的现状以及国际形势的急剧变化，中央制定了“一五”计划和筹备“三线”建设，采取了重工业优先发展的国家战略[113]和计划经济体制，选择将西部作为国家战略后方基地，开始对西部地区进行大规模的投入，建立起以矿产能源产业及军工制造业为主体的现代工业体系，从而拉开了西部地区现代工业化进程的序幕。西部地区资源型产业的形成不仅适应了全国宏观经济建设的大局形势，更是出于国防安全的需要考虑，是国家意志及市场分工共同作用的直接产物，从而带有浓重的计划经济色彩。在这种主导思想的支撑下，西部地区资源开发与重工业发展呈现出明显的地域性特征，国家对产业的绝对控制力，使西部地区重工业能在短期内完成资本的原始积累和工业体系的构建，实现了快速发展和繁荣，但长期区域分割形成的固有体制格局，以及资源型产业发展的明显路径依赖性，造就的企业盈利能力普遍低下必然成为资源型产业的软肋。此外，资源开发尚处在起步阶段，国有大中型企业仍是资源型企业的主力军，发展规模和效率低下，与之相关配套的企业和组织缺失无法形成产业网络，环境的制约和影响作用还没有显现出。

2. 成长阶段

20世纪80年代初，在改革开放浪潮的冲击下，国家进行初步尝试逐渐向市场经济转轨，为降低改革风险采取了双轨制的改革方式，西部地区资源型产业发展迈上了一个新台阶。具体表现为资源型产业在工业产值中所占份额逐年递增，产业重点不再局限于开采行业，而是向资源利用和加工的产业链拓展延伸，其规模和效益都有了一定的提高，并且带动了资源型城市的发展。随着改革深化和市场经济体制的确立，自然资源产权制度的变革实现了采矿权的自由流转。对资源型产业所有制改革，在保持国有经济主导地位的前提下，适当放宽民营资本的行业准入机制，为资源型产业资本注入了新鲜血液，民营资本开始参与到自然资源采掘和利用领域，经济体制呈现出多种所有制经济成分共同发展的格局。但总体而言，所有制结构改革力度明显滞后于东部地区，伴随民间资本的大量无序注入产生的资源过度开采和企业分布零散，以及民营资本技术实力的先天不足等问题，无法从根本上改变资源型产业国有化的局势。而国有企业对资源型产业的垂直管控和行政干预，阻碍了产业发展所需人才、技术、资金等生产要素的最优配置。西部地区在能源重化工基地的历史基础上，虽围绕国有大中型企业形成的区域性资源型产业集群，但集群发展严重依赖于自然资源，产业链无法延伸，这种产业集群也仅表现为低层次的企业的扎堆现象，产业之间的关联性和多样性十分有限，难以形成具有强大扩散和带动效应的网状模式[114]，魏后凯（2002）认为西部地区的资源型产业与东中部相比，产业聚集度不高，没有形成明显优势。由于工业污染物对环境产生作用具有一定的时滞性，经过近半个世纪的积累，环境和资源性瓶颈问题在这一时期逐渐凸显出来，产业的可持续发展问题成为重中之重。

3. 成熟阶段

西部大开发战略的正式推进，旨在缩减东中西三大区域的经济差距，使西部地区资源型产业就此搭上快速发展的列车，随着基础设施和投资环境的极大改善，经济运行进入良性循环的轨道[115]。西部大开发战略对西部地区经济发展有着非同小可的催化作用，但由于西部地区市场过于狭小，交通运输条件的改善加快了西部矿产资源向东部转移的步伐，如国家实施“西气东输”“西油东流”“西电东送”“西煤东运”等工程①，矿产资源的补偿费过低，造成对西部经济利益的极大损害，不仅没能使西部地区摆脱贫穷落后的现状，帮助西部地区将自然资源优势转化成经济优势和产业优势，反而制约了西部可持续发展的实现，进一步拉大了东西区域差距。此外，东部地区对加工制造业有着更强劲的集聚效应，加工制造业依然在东部地区形成集聚，进一步强化了区域经济的差距[116]。西部地区资源型产业经过数十年的快速扩张，随着产业结构调整和环境保护力度的增加，昔日凭借廉价劳动力和自然资源，以及对行业的高度垄断性和环境污染的负外部性，实现产业粗放型增长的时代将不再继续，取而代之的是围绕人才、技术、市场等要素的激烈竞争，以可持续为标志的新科技革命和产业革命为资源型产业带来巨大的冲击，同时给产业分工链条中处于劣势地位的西部形成较大压力。

表 3－6　西部地区重要能源及化工基地

基地类型	所在区域
煤炭生产及煤电一体化基地	陕西、宁夏、内蒙古、贵州、云南、新疆、甘肃
大型水电基地	金沙江、雅砻江、澜沧江、黄河上游、红水河、乌江等
大型石油、天然气开采及加工基地	新疆、川渝、陕甘宁、青海、内蒙古、广西沿海
煤化工基地	陕西、内蒙古、宁夏、贵州
可再生能源基地	新疆、内蒙古、宁夏、甘肃、西藏、广西、云南、四川、重庆、贵州、西藏
国家石油储备基地	甘肃

资料来源：《西部大开发“十一五”规划》，中国西部开发网（http：//www.chinawest.gov.cn/web/NewsInfo.asp？NewsId＝35013）。

4. 衰退阶段

进入 20 世纪 90 年代以来，资源型产业发展的弊端逐渐暴露出来，资源型产业发展出现两极分化的现象：一部分产业通过提升技术水平，率先实现了升级或转型，带动产业持续发展；另一部分产业没有成功实现升级或转型的，仍然基于自然资源禀赋组织生产，产业结构单一，缺乏生态环境保护意识，随着资源耗竭和环境恶化逐步退出市场，资源型产业面临着前所未有的严峻挑战。随着西部大开发的深入推进，中央明确提出以生态建设和环境保护为基础，将节约资源和环境保护提高到一个新的高度。为进一步实现区域一体化发展，优化西部地区的产业结构，带动西部地区的经济增长，同时也受东部地区劳动力等生产要素成本上涨等因素的驱动，国家正式启动西部地区承接东部地区产业

① 西部资源防掠夺性开发 专家称提高油气补偿标准，http：//www.china.com.cn/news，2009－07－11.

转移战略，这就意味着全国的经济重心和国家能源生产、储备中心也将随之西迁，引导西部地区资源型产业由旧“三高”型向绿色、节能、科技方向转型，将西部地区打造为国家重要的能源、资源深加工、装备制造业和战略新兴产业基地，较快地完成西部产业升级和重新布局[117]。这一时期市场经济体制活力显著增强，民间资本不仅可以顺利进入实业领域，包括部分垄断和竞争性行业，成为投资的主力军，国有资本慢慢退出竞争性领域。新一轮的西部大开发，必然导致对西部地区资源开发强度的扩大，诱发产业发展两极分化趋势出现，或是通过兼并重组，壮大了企业竞争实力，成功转型升级，并不断拓展产业链提升产业水平带动地区的持续发展；抑或是区域资源枯竭产业走向衰落导致地区发展停滞，产业退出区域经济[118]。鉴于此，国家加强了宏观引导，逐步推动重点行业的兼并重组，促进资源型产业的产业竞争力和集聚水平提高。

通过对宏观环境和产业运行机制的剖析，不难发现西部地区资源型产业发展很大程度上是受政府政策的影响，对西部地区资源型产业目前存在的问题和瓶颈应给予客观认识，理解西部地区经济落后和工业结构失调的深层次原因。但无论是历史因素还是市场因素影响，都说明了西部地区资源型产业地位具有不可替代性，其健康持续发展对西部乃至全国皆有举足轻重的意义，不仅代表了西部地区产业实力更彰显出全国工业水平，面对日益严格的资源与环境约束，提升西部地区资源型产业竞争力势在必行。以上四个阶段的划分体现了产业发展有一定的沿袭性，故不能将各个阶段割裂来看，但不排除不同阶段出现产业发展的共性和重复，不同阶段之间必然有着直接或间接的内在逻辑关系，充分说明了产业发展演变本就不是一蹴而成，需要一个从量变到质变的积累过程。

3.3 西部地区资源型产业发展现状

对西部地区资源型产业现状的掌握，分别从规模结构、产业集聚度、行业结构、所有制结构、产业竞争力五个方面综合考察，有助于较全面地掌握资源型产业行业内部和区域分布状况。

3.3.1 规模结构

从西部地区 13 个资源型产业的企业分布来看，较为密集的是煤炭开采和洗选业以及石油和天然气开采业，分别占全国企业单位总数的 46.60% 和 36.16%，其次是有色金属矿采选业与电力、热力的生产供应业分别占到

30.92%和33.52%，其余加工行业的企业数量均占到全国总量的30%以下，其中化学纤维制造业和金属制品业的企业数量远低于全国企业总数的10%（见表3－7）。不难发现，西部地区资源型产业发展较快，企业密集度高的仍然是资源采掘类行业，行业发展完全依赖于自然资源优势，而加工和化工行业的企业数量较少，这些行业的发展更多地依赖于加工工艺和技术进步。可见西部资源型产业的发展对资源的依存度依旧较高，制约了技术进步和企业发展。从就业人员的行业分布状况来看，就业人数较多的行业是煤炭开采和洗选业、石油和天然气开采业、有色金属矿采选业、有色金属冶炼及压延加工业、电力等五大行业，13个行业中从业人数与全国相比份额最低的仍然是化学纤维制造业和金属制品业，这与行业发展的总体规模保持一致，发展较为缓慢的行业，企业数量和从业人数均低，发展迅速的行业，企业和从业人员也相对密集。

表3－7　西部地区资源型产业规模

行业	全国企业数量（家）	西部企业数量（家）	占比（%）	全国从业人员平均数	西部	占比（%）
煤炭开采和洗选业	7 695	3 586	46.60	520.98	156.52	30.04
石油和天然气开采业	271	98	36.16	110.98	37.24	33.56
黑色金属矿采选业	3 482	646	18.55	65.20	13.24	20.31
有色金属矿采选业	2 086	645	30.92	53.37	19.11	35.81
非金属矿采选业	3 252	619	19.03	53.53	13.31	24.86
石油加工、炼焦及核燃料	1 974	440	22.29	96.12	22.41	23.31
化学原料及化学制品制造	22 600	2 845	12.59	71.27	47.03	10.34
化学纤维制造业	1 750	47	2.69	46.27	3.01	6.51
非金属矿物制品业	26 530	4 111	15.50	517.03	94.56	18.29
黑色金属冶炼及压延加工	6 742	1 479	21.94	339.92	72.31	21.27
有色金属冶炼及压延加工	6 765	1 131	16.72	192.62	58.80	30.53
金属制品业	16 573	1 144	6.90	311.51	23.56	7.56
电力、热力的生产和供应	5 287	1 772	33.52	252.60	81.22	32.15

资料来源：《中国工业经济统计年鉴（2012）》。其中从业人员平均数单位是万人。

3.3.2　产业集聚度

刘世锦（2003）认为中国现阶段产业竞争力与产业集聚度密切相关，且二者之间的关联性逐渐在增强[119]。王珺（2005）指出资源禀赋、技术积累以及外部要素缺乏的情况下，区域也有可能生成产业集群[120]。古典经济学家J. 穆勒（1997）指出，规模生产可以大幅提高生产效率[121]，高产业集中度有利于规模经济效应的发挥。在分析西部地区资源型产业发展现状时，有必要掌据其专业化和集聚水平，通常采用由哈盖特（P. Haggett，1965）[122] 最早提出的区位熵指标，用以分析要素的空间分布状况及产业的专业化水平，判断区域的相对集中度，因其可操作性强成为普遍的集群识别依据，广泛地应用于区位分析中。它指特定区域某行业的工业产值占该地区工业产值的比重与全国同行业的产值占全部工业产值的比重相比，即行业分布的区域状况与行业分布的全国状况相比。

$$DIC_{ij} = \frac{Q_{ij}}{\sum_{i=1} Q_{ij}} \Bigg/ \frac{Y_{ij}}{\sum_{i=1} Y_{ij}} \tag{3.1}$$

其中，i 代表不同产业部门，j 代表不同地区（$i=1$，2，3，…，13；$j=1$，2，3，…，11）。Q 代表产值，Y 代表地区工业总产值，$\sum_{i=1} Q_{ij}$ 代表全国同类产业部门的总产值，$\sum_{i=1} Y_{ij}$ 代表全国工业总产值。一般情况下，当 $DIC>1$ 时，认为该产业部门的专业化程度和集聚水平都高，$DIC<1$ 时，则认为集聚水平低。计算了西部地区 13 个资源型产业的区位熵（见表 3－8），来判断西部地区资源型产业聚集状况和专业化程度。

表 3－8　西部地区资源型产业产值和区位熵

行业	全国工业总产值（亿元）	西部工业产值（亿元）	占全国比（%）	区位熵
煤炭开采和洗选业	28 919.81	9 627.46	33.29	2.99
石油和天然气开采业	12 888.76	4 589.91	35.61	1.70
黑色金属矿采选业	7 904.30	1 385.98	17.53	1.71
有色金属矿采选业	5 034.68	1 440.75	28.62	2.50
非金属矿采选业	3 847.66	934.00	24.27	1.53
石油加工、炼焦及核燃料加工业	36 889.17	6 758.86	18.32	2.27
化学原料及化学制品制造业	60 825.06	7 596.86	12.49	1.63
化学纤维制造业	6 673.67	296.93	4.45	0.95
非金属矿物制品业	40 180.26	6 097.33	15.17	1.78
黑色金属冶炼及压延加工业	64 066.98	9 788.76	15.28	1.39
有色金属冶炼及压延加工业	35 906.82	8 137.03	22.66	1.39
金属制品业	23 350.81	1 690.97	7.24	1.27
电力、热力的生产和供应业	47 352.67	9 966.67	21.05	1.53

资料来源：《中国工业经济统计年鉴（2012）》。

可以看出，工业产值占全国比重较高的前五个行业分别是：石油和天然气开采业（35.61%）、煤炭开采和洗选业（33.29%）、有色金属矿采选业（28.62%）、非金属矿采选业（24.27%）和有色金属冶炼及压延加工业（22.66%），排在后五位的是：黑色金属冶炼及压延加工业（15.28%）、非金属矿物制品业（15.17%）、化学原料及化学制品制造业（12.49%）、金属制品业（7.24%）和化学纤维制造业（4.45%）。可见，工业产值较高的行业仍然集中在资源开发类行业，产值低下的是加工类和化工类行业。西部地区 13 个资源型产业中有 12 个行业的区位熵大于 1，按照大小排列依次为：煤炭采选业 > 有色金属矿采选业 > 石油加工、炼焦及核燃料加工业 > 非金属矿物制品业 > 黑色金属矿采选业 > 石油和天然气开采业 > 化学原料及化学制品制造业 > 非金属矿采选业 > 电力、热力的生产和供应业 > 黑色金属冶炼及压延加工业 > 有色金属冶炼及压延加工业 > 金属制品业，其中区位熵大于 2 的行业是煤炭采选业、有色金属矿采选业、石油加工、炼焦及核燃料加工 3 个行业，产业集聚水平较高，在全国具有明显的比较优势；区位熵在 1～2 区间的行业有 9 个，这些行业属于中等集聚度产业；区位熵最小的是化学纤维制造业仅为 0.95，化纤制造业是西部地区 13 个资源型产业中发展最弱的。由此可以看出，行业集聚度高的产业是资源开发类行业，能够凭借对资源的高度垄断产业得以迅速扩张，实行高水平规模化地发展，导致集聚程度不断提高；而加工类行业垄断程度较低，经营规模小而零散，集聚化水平不高，行业特征不同是产业集聚度差异化所在。

3.3.3 行业结构

行业结构变动不仅能看到产值的行业分布变化情况，更重要的是透过行业结构能折射出环境污染的来源、种类及规模，可以有针对性地提出解决方案，有效遏制工业环境污染，不同行业采取的生产工艺和技术不同，所产生的环境污染自然有本质性的差异。目前的研究结论认为，产业内部的行业结构及污染水平是影响环境污染的主要原因[123][124]。行业结构差异也决定了其经济效益和资源利用效率的差异，这也是影响产业竞争力的重要原因。同时，对行业结构的考察，为实现资源型产业内部进行升级改造做好了铺垫。基于以上分析，考虑到国家西部大开发战略阶段对西部地区所产生的深刻影响，采用卓勇良(1990)① 的方法，选择具有一定的代表性的 2001～2011 年为考察周期。

从表 3－9 中可以看出，2001～2011 年间，工业行业的内部结构呈现出明显的变动，按照资源型产业对资源的生产方式划分为资源采选类行业和资源加工类及电力行业。资源采选类行业的加工度较低，主要包括煤炭开采和洗选业、石油和天然气开采业、黑色金属矿采选业、有色金属矿采选业、非金属矿采选业等 5 个行业，其余 7 个行业划归到资源加工类行业中，这些行业属于资本和技术双重密集型产业，我们将依据对行业类型的归类来考察。

---

① 卓勇良. 1980～1989 年我国工业行业结构变动分析［J］. 中国工业经济研究，1991（8）：25－34. 行业结构变动率 = 报告期行业份额/基期行业份额。

表3-9 西部地区资源型产业内部结构变动趋势

行业	2001年	2003年	2005年	2007年	2009年	2011年
煤炭开采和洗选业	0.86	1.52	4.34	2.01	2.35	1.95
石油和天然气开采业	1.04	1.74	6.52	1.46	0.99	1.73
黑色金属矿采选业	0.96	1.66	5.86	2.24	1.99	1.91
有色金属矿采选业	1.22	0.98	3.08	3.67	0.06	1.78
非金属矿采选业	0.00	0.00	0.00	2.09	2.13	1.94
石油加工、炼焦及核燃加工	2.06	1.31	5.92	1.69	1.31	1.85
化学原料及化学制品业	1.27	1.41	1.95	1.58	1.46	1.73
化学纤维制造业	0.88	0.85	2.06	1.55	1.45	1.65
非金属矿物制品业	1.00	1.47	1.59	1.71	1.98	1.80
黑色金属冶炼及压延加工	1.46	1.54	3.22	1.59	1.42	1.57
有色金属冶炼及压延加工	1.57	1.45	2.48	2.38	1.02	1.81
金属制品业	0.85	1.06	1.76	2.02	2.27	1.63
电力热力的生产和供应	1.41	1.38	5.75	1.59	1.34	1.56

资料来源：根据各年份《中国工业经济统计年鉴》中13个资源型产业部门产值（1990年不变价格）计算所得。

资源采选类行业中，前4个行业的变动以2005年为界限，2001~2005年间，结构变动率迅速增长，从2005年开始降低，从降低幅度来看，石油和天然气开采业和黑色金属矿采选业最大，非金属矿采选业从2007年的2.09降到2011年的1.94，降低幅度最小。资源加工类和电力行业，产值增加表现出明显的阶段性，第一个阶段是在2001~2005年间，行业结构出现剧烈的调整，加工行业的产值比重有明显的上浮，在经历2005~2009年的下滑后，迎来了2009~2011年产值比重的稳步上升。总体来说，资源型产业内部资源采选业行业产值比重下降，加工类行业产值比重则有升有降，变动幅度因行业而异，局部阶段性波动说明了加工类产品更易受到市场波动的影响，2005~2009年的大幅下滑主要是受全球金融危机的影响，结构调整出现阶段化，行业变动出现分散化，明确地说明了西部地区资源型产业结构调整不是很稳定，这与行业加工和生产技术的熟练程度密切相关。结论比较符合资源型产业发展的一般规律，资源采选业比重下降加工业比重上升，资源型产业内部结构将会不断优化升级，产业竞争力将有待提高。

3.3.4 所有制结构

由于中国的市场经济体系尚未完全建立，这就使得国内企业行为与发达国家有本质区别。正如许多文献中所揭示的，中央与地方政府之间存在一定的博弈，企业与政府之间的关系会对企业行为产生很大影响。因此，应该将所有制结构因素列入考察目标。中央直属企业群体是中国体制的必然产物，政企之间天然的依存关系造就了所有制结构的刚性，极不利于政府结构调整等宏观干预的执行，国有企业在建立有效治理结构方面进展十分有限。当前中国面临经济转型的关键时期，应该将产业发展纳入到经济转型的大背景下，发挥产业所有制结构决定性的影响作用[125]。周黎安等（2005）发现在规模经济显著的产业中，民营企业规模变化对技术进步的贡献优于国有企业，其中资本、技术密集型产业中，产业所有制结变动产生的变化更为明显[126]。不可否认，国有企业虽然在规模、技术及资金等方面占有绝对优势，但却缺乏使之转化为动态创新能力的激励机制和管理结构。只有将企业的自主创新意愿最大限度地激活，产业竞争力才能得以提升，否则产业绩效只能在低水平上徘徊[127]。国有企业虽曾带来了产值和利润的大幅增长，但这并非出于国有企业的高效率，很大程度上是基于国有企业的垄断地位和厂商定价优势[128]实现的。经济合作与发展组织（OECD，2011）的研究成果也表明，中国国有企业的规模和资本密集度虽越来越高，但在提升产业绩效方面，民营企业表现明显胜于国有企业。此外，所有制结构也会影响到产业环境保护结果，私有化进程能更有效地实现环境保护[129]。诸多研究表明，国有企业在提升产业竞争力方面更加力不从心，产业竞争力的提升有赖于合理的产业组织结构[130]，民营企业整体素质与发展水平的提高，对产业竞争力带动作用将更加显著。

从 13 个工业行业国有化占比的总体情况来看，2001 ~2011 年国有企业占比均有不同程度地下降，其中降幅为 50% 以上的行业有煤炭开采和洗选业、非金属矿采选业、非金属矿物制品业。下降幅度最小的是石油和天然气开采业、石油加工、炼焦及核燃料加工业、有色金属冶炼及压延加工业五个行业，国有企业占比重分别高达 90. 35%、77. 29% 和 49. 74%，电力、热力行业的国有化比重没有下降反而比 2001 年上升了 3. 85 个百分点，说明这些行业中国有企业仍处于性垄断地位具有较强的控制力；2011 年，国有经济产值比重仍处于 45% ~50% 之间的产业有化学纤维制造业、黑色金属冶炼及压延加工业、有色金属冶炼及压延加工业，这三个行业中国有经济与非国有经济大体上平衡；国有产值比重处于 10% ~40% 之间的行业有煤炭采选业、黑色金属矿采选业、有色金属矿采选业、非金属矿采选业、化学原料及化学制品制造业、非金属矿物制品业、金属制品业，在这 7 个行业中非国有经济已居于主要地位，具体见表 3 -11。从以上所有制结构的行业分布可以看出，国有经济除在一些非竞争性领域还占据主体地位，体现出国有经济对国民经济一定程度的控制力。在其他竞争性行业中，非国有经济的比重逐渐上升，整个重工业行业中，昔日国有企业占据绝对优势的局面也明显改变，这有力地证明了所有制结构已呈现出多元化特征。非国有经济的迅速发展推动了经济繁荣，提高了产业竞争力水平，促进产业革新力度，未来随着国有企业改革的不断深入，国有经济的比重会继续下降，所有制结构将出现较大幅度的调整。

表 3-10　西部地区资源型产业国有化比重　单位:%

行业	2001 年	2003 年	2005 年	2007 年	2009 年	2011 年
煤炭开采和洗选业	83.11	58.55	45.21	41.68	33.47	27.29
石油和天然气开采业	96.66	89.18	88.42	87.28	79.11	90.35
黑色金属矿采选业	53.84	30.41	23.62	23.86	11.02	28.87
有色金属矿采选业	51.60	82.32	52.41	2.26	25.00	35.50
非金属矿采选业	69.47	22.32	26.99	20.62	10.13	24.75
石油加工、炼焦及核燃料加工	84.80	97.79	77.35	76.12	64.99	77.29
化学原料及化学制品制造业	53.92	34.54	24.85	24.56	20.87	31.16
化学纤维制造业	78.65	8.52	20.99	8.79	15.58	45.03
非金属矿物制品业	42.63	21.10	15.21	14.31	11.34	16.66
黑色金属冶炼及压延加工业	78.87	43.65	35.54	34.56	35.58	46.72
有色金属冶炼及压延加工业	59.76	45.25	38.75	34.21	30.78	49.74
金属制品业	37.23	15.35	65.76	10.09	9.87	25.76
电力、热力的生产和供应业	84.41	59.18	60.38	60.31	53.88	88.26

资料来源：根据各年份《中国工业经济统计年鉴》中 13 个资源型产业部门产值（1990 年不变价格）计算所得。

3.3.5　产业竞争力

一般情况下，对相同区域不同产业竞争力的比较主要从产业贡献和产业成长两方面进行考察。在市场竞争日益激烈的今天，产业竞争力很大程度上体现的是市场份额占有和利润获取能力，因此选取行业的主营业务收入与利润总额指标来考察西部地区资源型产业的竞争实力状况。通过将西部地区 13 个资源型产业与全国同类行业对比，发现西部地区在煤炭开采和洗选业、有色金属矿采选业、非金属矿采选业、石油加工、炼焦及核燃料加工业、化学原料及化学制品制造业、有色金属冶炼及压延加工业、金属制品业和电力、热力的生产和供应业等行业实现利润率普遍高于全国水平，说明西部地区在这些行业上具有一定的竞争优势（见表 3-11）。相比之下，资源开采类行业的获利能力明显高于资源加工类和电力行业，这个结论与魏后凯（2002）和梁琦（2005）等研究一致，其中产业竞争力水平最高西部地区是煤炭采选业，全国是石油和天然气开采业；产业竞争力水平最低的是石油加工、炼焦及核燃料加工业，这一点与全国的大形势类似。资源开采类行业依然是地区经济收入的主要来源，加工类行业虽取得了一定发展，但其成长主要受技术提升缓慢的制约仍处于劣势，获利能力非常有限，这种行业不均衡发展的态势，势必会影响到西部地区资源型产业竞争力升级和可持续发展的实现。

表 3 - 11　　西部地区资源型产业利润水平　　单位：亿元

行业	全国			西部		
	主营业务收入	利润总额	实现利润率（%）	主营业务收入	利润总额	实现利润率（%）
煤炭开采和洗选业	31 413.27	4 560.86	14.52	6 109.47	2 046.07	33.49
石油和天然气开采业	12 882.26	4 299.6	33.38	4 445.90	1 460.18	32.84
黑色金属矿采选业	8 114.29	1 210.07	14.91	1 303.91	169.87	13.03
有色金属矿采选业	4 928.46	815.07	16.54	1 358.11	267.35	19.69
非金属矿采选业	3 743.41	358.14	9.57	873.21	92.99	10.65
石油加工、炼焦及核燃料加工业	37 275.12	423.1	1.14	6 720.70	143.10	2.13
化学原料及化学制品制造业	60 097.89	4 432.13	7.37	7 290.95	625.45	8.58
化学纤维制造业	6 646.95	368.07	5.54	314.94	10.06	3.19
非金属矿物制品业	39 294.75	3 587.25	9.13	5 751.53	467.75	8.13
黑色金属冶炼及压延加工	65 909.31	2 239.48	3.40	9 858.38	282.51	2.87
有色金属冶炼及压延加工	36 869.42	2 067.38	5.61	8 716.54	506.16	5.81
金属制品业	22 951.33	1 545.71	6.73	1 644.99	117.09	7.12
电力、热力的生产和供应	47 097.57	1 921.58	4.08	9 754.75	695.52	7.13

3.4　西部地区资源型产业存在的问题

通过对西部地区资源型产业现状的分析，更加清晰地了解到产业竞争力水平和构成，也暴露出其发展过程中产生的诸多现实问题。西部地区资源型产业面临的问题既有发展的共性问题，又由于其地理位置和发展历程的特殊性而略有不同。西部地区工业化是伴随矿产资源的开发而进行的，长期的过度开发和粗放型的发展方式，使得西部资源型产业均不同程度地面临着资源衰竭、环境恶化等一系列严峻挑战和考验，主要表现在以下几个方面。

3.4.1　环境恶化

由于西部地区属于经济欠发达地区，发展经济自然成为西部地区的头等大事。但长期以来单纯追求经济增长，急功近利的发展方式以牺牲环境为代价，资源型地区的环境污染除表现为水体、土壤、空气、植被、噪声等多种污染外，还包括造成严重的环境损害及地质灾害（见表 3 - 12）。对于资源开采业带来的破坏，主要是由于大型机械设备的辅助使用，对环境的损害力度远大于人工作业带来的损伤，环境破坏已逐渐超越了作业区域向周边扩散，呈现出空间范围的延伸扩大化[131]，造成更大尺度的环境扰动。资源加工类行业造成的污染，主要是由生产工艺落后、污染排放治理能力差引起的，这也是工业行业环境效率低下的共性。

表3-12　　西部地区资源型产业引起的主要环境地质问题

环境损害	地质灾害	环境污染
水资源破坏、生物资源破坏、矿产资源破坏、矿区景观破坏、水土流失、荒漠化、盐碱化	滑坡、崩塌、泥石流、地表裂缝、地面沉降、瓦斯爆炸、煤层自燃、油气钻井喷	水污染、大气污染、噪声污染、农业土地污染

资料来源：徐友宁．西北地区矿产资源开发的环境地质问题及其类型［J］．西北地质．2001(2)：28-31．邹光富，毛英．中国西部地区矿产资源开发与环境保护［J］．地球科学进展，2004，19（6）：444-448.

从西部地区1998~2012年的工业“三废”表现出递增的态势（见图3-4）可以看出，西部地区环境状况不断恶化，这不仅会迫使企业从本地迁出，提高了当地重新招商引资的难度，而且严重影响了区域内人民的生命健康，给当地农业生产造成直接的经济损失，引发居民与企业之间的矛盾冲突，更加无法吸引高新技术产业的落户，无疑使西部地区的经济发展雪上加霜，极易滑向“贫困陷阱”的恶性循环之中，进一步拉开与其他地区的发展差距。此外，2010年国家颁布的《国务院关于印发全国主体功能区规划的通知》中划分了全国25个国家级重点生态功能区，有相当一部分区域在西部，西部地区生态功能地位被明确提出。由于西部地区水资源占有量仅占全国的8.3%，大多属干旱/半干旱地区①，资源型产业的发展越来越受到水资源匮乏的制约，自然环境调节能力相当脆弱，生态环境建设任务异常艰巨。而政府一直以来在

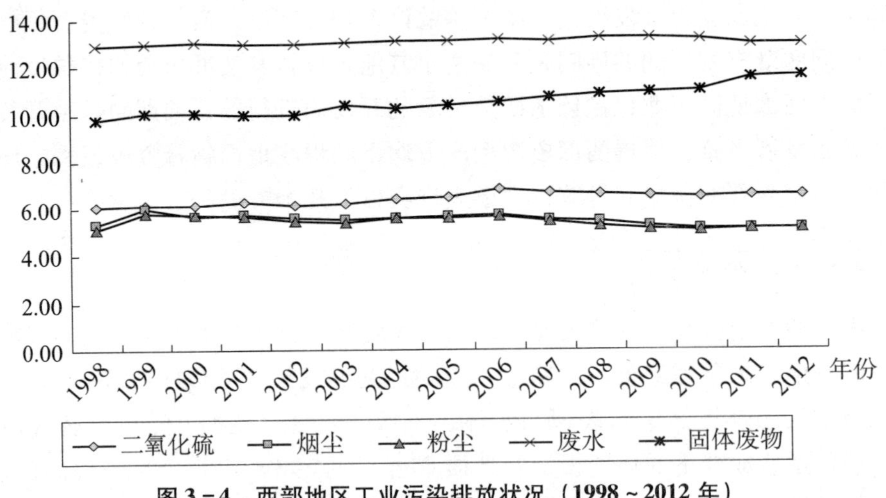

图3-4　西部地区工业污染排放状况（1998~2012年）

① 叶贵均．西北五省（区）煤炭资源水资源及生态环境［J］．煤田地质与勘探，2000，1（6）：39-42.

环境保护方面功能缺失，导致的历史欠账问题越发严重，加之新时期环境问题的复杂性、扩散性、隐蔽性、顽固性、滞后性等特征，均加大了环境修复的难度，这也是造成西部地区环境污染制约型“资源诅咒”的根本原因[132]。

3.4.2 产业集聚度低下

西部地区资源型产业中自然资源开采业和初级加工行业产业聚集程度相对较高，这主要是由于西部地区资源型产业受国家重点扶持影响，促使其形成了一定密度的资源型产业和产业集群，而其他资源加工类型产业因缺乏国家的支持，产业聚集程度不高，造就了产业集群对政府和已形成固定发展模式的高度依赖性。产业集群内部缺乏交流，忽视对技术和知识的学习创造，难以体现集群经济发展的优势。现有产业集群对自然资源的直接依赖性，并以极少数大型国有企业为主导的发展模式，使得产业结构趋于单一化，弱化了与其他产业部门或机构合作关系的扩展，从而削减了集群产生的竞争优势。目前，西部地区资源型产业皆是建立在投资回收期长、利润率低的基础产业结构上，其他衍生产品较少，不利于其集聚度和竞争力的提高，工业行业结构不均衡。赵海东（2007）如果仅对资源进行开发，会严重缩短产业集群的生命周期，造成产品同质化严重引发恶性竞争，最终导致集群解体。所以资源型产业集群以如果单一化的形式存在，缺乏上下游之间的纵向合作，产业发展的风险非常大。

3.4.3 体制约束

体制对资源型产业的影响主要从两个方面来分析，一是从全国的角度，出于国家发展战略的考虑，形成了西部贡献资源、东部获取超额利润的利益分配格局，正是基于这种格局的形成，全国工业化进程才得以顺利推进，大大缩短了西方国家需要上百年才能完成的工业化历程，完善的工业布局及体系才得以建立，并实现了经济的快速发展[133]。这种不平等的利益分配格局并在一定时间内保持延续，而带来必然的后果是西部地区资源型产业发展缺乏自我积累和自我发展能力，更重要的是长期垂直分工与利润扭曲分配，剥夺了西部资源产业的利润空间，丧失了发展的资金和动力，形成“富饶的贫困”现象，丰富的资源禀赋不仅没能增加本地收入，反而加剧了资源所在地生态的恶化，拉大了与东部地区的经济差距。二是从西部地区而言，计划经济体制给西部地区资源型产业发展的推动作用非常明显，不仅完成了工业的原始积累，建立了现代工业体系，形成了重工业的格局，奠定了西部地区工业化的基础，在历史特殊时期计划经济体制不辱使命，但随着市场经济体制的完善，计划经济时代遗留下的诸多弊端逐渐显现，对资源型企业的中央垂直管理方式，人为地割裂了区域关联性，资源的利用效率和企业的经济效益低下，缺乏激励机制造成人浮于事。因此，西部地区资源型产业要想突破现状，就不能忽视体制因素的束缚，从挖掘自身发展潜力出发，将资源禀赋优势真正转化为竞争优势。

3.4.4 挤出效应

资源型产业的挤出效应主要体现在三个方面：

一是对制造业的挤出。采掘业的密集发展和过度膨胀会挤压制造业发展所需的劳动力、固定资本投资等一系列生产要素，引起制造业衰退[134][135][136]和萎缩。张复明（2008）认为在资源型经济发展的初期，受资源型行业相对高收益的吸引，生产要素会不断进入到资源部门，促使资源部门持续扩张，资源型部门的强专用性所产生的要素锁定效应，制约了生产要素的自由流通，更阻碍了资源部门向生产率更高的制造业部门转化，这种现象称之为资源型经济的自强机制[137]，尽管制造业部门投资较少技术进步较快且溢出效应明显，只有伴随着资源型产业的衰退和利润的下降，这种情况才得以改观。

二是对人力资本的挤出。西部地区存在资源开发对人力资本的挤出效应[138]，一般而言，采掘类产业对人力资本要求相对较低，而行业繁荣带来对劳动力需求的增加，造成了劳动力极易就业的假象，降低了政府和个人进行人力资本和教育投资的积极性，降低了人力资本的总量积累[139]。长期对人力资本培养和教育投资的忽视，会加剧地区知识更新停滞。

三是对物质资本积累的挤出。Gylfason 等（2006）认为，自然资源会通过挤出物质资本而阻碍经济增长，对自然资源的过度依赖可能会间接损害储蓄和投资[140]。Papyrakis 等（2006）论述了资源收益造成对投资的挤出，但产出的减少超过资源收入的增加，导致“资源诅咒”[141]。自然资源带来的高收入会降低人们的储蓄与物质资本积累的倾向，从而影响经济增长的后劲。只是，这种挤出效应的大小程度因区域差异而异。如何解决资源型产业中的挤出效应，是目前资源型地区发展面临的现实问题，也是关乎资源型产业竞争力提升和可持续发展的关键问题。

3.4.5 资源枯竭

根据资源开发程度和可供开发的后备资源储量估计，西部地区许多资源型企业已面临资源枯竭的风险，资源的自给率不断下降，企业的经营成本不断攀升。资源枯竭主要是由自然资源的有限性和不可再生性决定的，在资源型产业发展过程中各种不当发展方式会加速资源衰竭，成为资源型产业发展难以逾越的障碍，资源枯竭导致资源型产业发展优势消失，地区经济发展受限，无法继续依赖资源型产业。面临资源的强约束，传统的高消耗、高污染的发展模式已经难以为继，金碚（2011）认为，尽管资源约束给工业发展造成一定的困境，但也正是促进工业改革升级的压力和动力，形成企业主动进行节能减排和技术创新的倒逼机制，如此才能最终逾越资源枯竭的障碍。国内“十二五”规划也明确了加快经济发展方式转变的决心，当前针对资源型产业的研究主要是遵循城市—区域—产业转变的思路，以资源型产业生产方式转变带动经济转型，西部地区资源型产业的转变不可避免地受到国内外各因素的影响，同时也受自身发展规律的牵制。究竟如何把握发展契机探寻到适合西部地区特点的提升路径，突破资源的瓶颈性约束，改写地区经济发展的命运和资源型产业的未来，实现资源型产业的华丽转身，是当前面对的主要任务。

3.5　本章小结

西部地区资源型产业除了存在上述问题外，还包括产业链条短、产业缺乏上下游之间的有机联系，资源型产业整体上仍然停留在资源的初级加工阶段，对资源浪费现象严重，企业技术设备落后、创新意识和能力普遍缺失、产品结构不合理等，这也再次深刻地说明了资源型竞争力状况令人担忧，这些问题得不到解决将直接束缚资源型产业竞争力的提高。由于资源型产业是其他产业的支撑和基础，在国民经济发展中的地位日益上升，但长期发展中产生的经济、环境矛盾突出，资源型产业也成为我国环境保护重点关注的产业部门，这也必将对资源型产业的长远发展产生深远影响。西部地区资源型产业面临的困境是多样复杂的，因此需要我们给予正确认识，对其发展阶段和特征做出正确判断，资源型产业存在的问题实质是资源优势没有转化为经济优势和竞争实力，经济效益与生态效益没有实现协调发展，这就迫切需要从资源型产业内部着手，彻底激活企业自身进行技术革新的动力，扭转西部地区资源型产业的命运走向。

第4章

环境规制与西部地区资源型产业竞争力关系分析

第3章通过对西部地区资源型产业发展现状的分析，认识到了资源型产业发展对西部地区经济发展有举足轻重的意义，但其迅速扩张过程中所表现出来的生态环境破坏严重、产业结构单一化、体制约束、产业集中度不高和对非资源型产业存在明显的挤出效应，资源枯竭的压力使得资源型产业竞争力水平整体不高，并且给环境造成极大的负面影响，当然，这既有产业自身的问题，也有制度的不合理因素，资源型产业发展出现的环境负外部性问题，是经济快速发展和市场经济运行产生的副产品，是地区盲目追求经济发展成果的产物，是市场经济失灵的主要体现，那么，在追赶经济发展的步伐时，应做到有效遏制或降低对生态环境的伤害，培育产业的竞争优势，关键是全面掌握影响西部地区资源型产业竞争力的因素，了解环境规制对产业竞争力构成影响的作用途径，并且对环境规制及产业竞争状况作出客观评价和量化。首先，借鉴已有的环境规制与产业竞争力的测度方法，结合资源型产业的发展特点设计评价指标，计算出西部地区资源型产业竞争力、环境规制指数；其次，在对环境规制和资源型产业竞争力进行客观评价的基础上，试图探寻二者之间的内在关联性，进而为区域环境改善和行业工业结构优化给出合理依据。寻找区域经济繁荣和衰退的深层次原因，避免实证分析得出结论的片面性，继而为建立多元回归模型、进一步检验环境规制对西部地区资源型产业竞争力的影响研究做好计量准备。

4.1 产业竞争力影响因素的理论分析

产业竞争力影响因素源自于对产业竞争力理论理解，迈克尔·波特的

“钻石模型”将产业竞争力的影响因素归纳为内外六个要素。罗辑和张其春（2008）从产业竞争力理论出发，将其分为基础因素、驱动因素、外部环境因素三大部分，并认为产业竞争力是各种影响因素综合作用的结果。随着经济的发展，自然资源、地理环境、劳动力数量等传统因素对产业竞争力的影响力度会逐渐衰减，取而代之的劳动力素质、知识、技术研发水平等现代因素，其影响力度和深度在不断提升。当然，单个区域或单个产业在发展中并不一定完全具备各方面因素，因此，学会扬长避短显得尤为重要，同时，协调各因素的相互关系，以切实提高产业竞争力。现有的研究对影响产业竞争力的因素进行了系统的分析，指出区位因素、人口因素、制度因素、技术创新因素、市场环境因素、外商投资因素等，这对分析西部地区资源型产业竞争力影响因素，提供很好的理论支撑，本文结合西部地区资源型产业发展的自身特点，选取了七个影响因素，即区位、劳动力、自有资本、外商投资、产业集聚、技术进步和体制等因素，并从定性的角度来分析对产业竞争力造成不同程度的影响。

1. 区位因素

由于产业的发展必定是归属于区域发展中，因此，区位因素构成了产业竞争力的基础影响因素。区域是空间开放的经济和生态系统，兼有空间和经济系统两种要素，环境和资源决定着区域的优劣，经济区域的划分取决于自然条件、经济条件和社会条件等①，区位因素主要包括自然资源、地理位置、土地资源、交通条件和基础设施的完善等，资源型产业的工业布局要依据区域内劳动力、资本、技术和资源禀赋等比较优势的分布状况，包括空间分布的集中与分散程度[142]。自然资源决定了产业发展依托的资源禀赋条件，区域所在的地理位置和交通条件，决定着产业生产所面临的市场距离以及运输问题。一般情况下，资源型产业集中分布在偏远的自然资源丰裕地区，获取原材料更为便利，但生产地和销售地的远距离分割，交通落后加剧了产品的外运成本，而便利的交通状况则可以有效降低运输成本，同时能降低产品的交易成本，提高产品的市场占有率，为企业赢得更多的经济利益。此外，开放的区域环境能为产业创造新的市场，给产业竞争力注入发展动力，并且间接左右着其他生产要素的流动，这些因素都将对产业竞争力构成不同程度的影响。可见，区位因素不仅是形成资源型产业的基础，更会导致产业竞争力的演变发生，凝结产业未来发展的潜力。

① 张平．中国区域产业结构演进与优化［C］．武汉：武汉大学出版社，2005：1－2.

2. 劳动力因素

劳动力是产业得以生产和消费的载体，是产业生产力的首要因素。一方面，劳动者既作为劳动力要素的供给方，同时也是产品的生产者，具备双重身份的属性。丰富的劳动力资源，是产业和经济增长的基本保证，劳动力匮乏必然会对产业和经济发展形成阻碍，通常情况下，劳动力人数的增加意味着产出的增加，会加速产业和区域经济的增长，劳动力成为产业前进的动力，又为产业制造了需求市场；另一方面，劳动力自身的素质和技能，会对产业产生更深刻的影响，熟练工人的劳动生产率明显要高于非熟练工人，劳动力的科学文化素质决定了将知识转化为生产力的能力，意味着产业具备一定的创新能力，提高劳动力素质不仅能提高劳动生产率，更重要的是为产业发展培养科技实力，创新能力也将构成产业竞争力的核心内容，高素质劳动力创造的价值可以为企业降低雇佣成本。劳动力会受到区域条件优劣影响发生跨界移动，一般情况下，高素质人才会流向经济发达、产业密集区域，而落后区域吸引人才有限，不利于地区产业竞争力的形成，最终人才因素会导致产业竞争力出现两极分化的局面。由于资源型产业对劳动者的素质要求不高，忽视了对劳动力素质的培养和积累，但随着资源型产业的调整和升级改造，劳动者自身素质在企业发展中所起的作用越来越重要，因此，劳动者的素质直接影响着产业竞争力的提升。

3. 固定资本因素

固定资产主要是指企业的厂房、机器、设备、运输工具等，是企业赖以生产经营的物质基础，在生产过程中发挥着巨大的作用，其价值逐渐转移和分摊到产品成本中，成为产品的有机组成部分。资源型产业的固定资产投资主要是用来购买重型的勘探和开采设备，建设工业矿区和厂房的投入，这部分的资金和设备一次性投入数量规模巨大，才能支撑资源型产业顺利运转，固定资产投资能力很大程度上决定着产业的成长速度。追加固定资产投资有助于改善企业的生产环境和劳动条件，更新落后的生产设备和生产资料，采用先进的生产手段和工具，大幅度提升产出效率，降低原材料的消耗，提升产品的更新换代和升级速度，带动产业竞争力的提升。此外，固定资产投资是企业扩大再生产，吸纳更多的劳动力就业，创造更多经济财富的物质保障。固定资产投资的增加固然能为产业发展形成推动力，但过快过高的投资增长，也会给企业发展造成负面影响和负担。资源型产业的发展特点使得其固定资本有较强的专用性，且投资规模和数额庞大，资本回报周期与产业的生命周期紧密相关，一旦投资失败造成的资产沉没成本很高。同时资源型产品的同质性较高，过度密集的固定资产投资会引起产能严重过剩，加剧了资源环境压力，而现有产业结构对产品的提升空间有限，引发企业产品库存积压，致使企业无法偿还金融贷款、工人失业等一系列社会问题出现，不仅使企业蒙受巨大损失，更会影响到国民经济的健康运行。因此，只有固定资本投资保持适度规模，调整投资结构，才能不断提升产业竞争力。

4. 产业集聚因素

核心产业在区域内发展迅速，并不断吸引相关产业向该区域集中，产业集聚会逐渐形成。产业集聚状况能判断出产业的成熟程度及市场结构，以及当前产业所面临的市场竞争形势。资源型产业的集聚度能够反映出产业的发育状况。首先，产业集聚的形成更容易使企业产生规模经济效应，马歇尔（1890）指出集中生产会使厂商更有效率，一定地理空间范围内的集中，能使企业之间更容易开展分工与协作，获得较为稳定的原料供应及配套服务，大大降低了原料成本和交易费用，通过上下游企业间的协作，提高资源利用效率的同时，提高了企业的劳动生产率。对于资源型产业来说，采掘和洗选业位于产业链的上游，资源加工和冶炼行业则位于下游，积极推动资源型产业向深加工的方向发展，加强对伴生、共生资源的综合利用，拓宽产业链的同时改变地区产业结构单一化问题，带动了其他相关产业的发展，提高产业抵御市场风险的能力。其次，产业集聚有利于新工工艺和新技术的扩散，行业内率先引进新技术和新设备的企业，对行业内其他企业起到了示范和榜样的作用，相对集中的空间更有利于信息和知识的传播扩散，带动产业创新活动。最后，产业集聚会使得同类企业之间的竞争更激烈，这不仅仅表现在对市场的争夺，更主要的是对人才、资金方面的竞争，企业要想在同行业中脱颖而出，必将要使出浑身解数来形成自己的竞争优势，以获取更多的优质资源，从而促进产业竞争力的稳定提升。当然，产业集聚会加剧区域内资源环境的压力，资源型产业的集聚更容易引起区域内环境恶化，这就使得产业在面对共性问题时，应达成共识，集中力量采取有效措施予以解决。

5. 外商直接投资因素

关于外商投资对东道国或地区产业的影响，国内外学者都曾有过深入的研究，有学者指出外商投资不仅能为东道国解决资金不足的问题，而且能带来管理经验（袁诚，2005），技术溢出（Johansson & Nilsson，1997）、产业溢出（钟昌标，2006）等，外商直接投资要进行产业和区位的选择，这对于所投资的产业和地区的产业规模、技术水平、生产要素价格都会产生深远影响，从而影响到地区产业结构，提高该区域内的资源配置效率。在帮助传统产业升级改造的同时，开拓新兴产业的建立，引导向出口导向型企业发展，积极参与国际分工开辟海外市场、提升产业国际竞争力。资源型产业的发展是资源、技术、资本等要素结合的产物，而前期大规模的资金投入提高了行业的进入门槛，企业发展所需的资金单靠国内筹措渠道有限，外商投资为资源型企业解决了资本滞后问题，而且外商投资所引进的先进技术和设备，不仅提高了该行业的技术水平，而且会通过溢出扩散效应带动其他相关行业的技术水平。东道国或地区企业可以通过模仿国外技术，吸收消化为我所用，既能在短时间内提升产业竞争力，又能极大地降低自主研发的成本和风险，同时奠定良好的技术研发基础，为企业谋取利润最大化。但对外商投资的过度依赖，会造成本土企业自主创新能力不足。此外，外资所追求的利益和价值观毕竟与本土企业有所偏差，外资区位选择的动机也有可能出于寻找产业的“污染避难所”，因此，对于外资的利用，一定要扬长避短，防止污染性企业的跨国转移，避免付出沉重的生态环境代价。

6. 技术创新因素

Joseph Alois Schumpeter（1912）认为技术创新就是新的知识、科技以及方法在产品生产过程中的应用和体现，技术创新是以新知识的加工制造，并通过市场转化为实际生产力和经济价值的过程。技术创新因素是提升产业竞争力的内在驱动力，是产业竞争力的核心内容。企业规模对技术创新能力的影响，长期以来研究者们并没有形成一致的意见，有的赞成大型企业的技术创新能力更加突出，由于技术创新自身具有较高的风险性，且用于技术创新需要雄厚的资金和科研基础，只有大型企业凭借其垄断地位获取的超额利润，才能为科研创新提供坚实的资本来源，同时也具备了承担风险的能力；而又有一些学者同时指出，正因为大型企业可以通过依靠垄断地位就轻易获得超额利润，因此不需要进行技术创新，缺乏足够的研发动机作支撑，而中小企业处于完全竞争市场中，更有利于激发企业技术创新的热情和斗志，且组织结构的灵活性更适合进行技术创新（Kenneth Joseph & Arrow，1962）。企业的规模结构对技术创新能力的影响不容忽视，但企业所处的市场结构和经济环境对其影响更加深刻。资源型产业的发展伴随着资源的高消耗和环境的高污染，其产业所在的区域环境日益恶化，并呈现出不断向周边扩展的趋势，节能减排和产业结构调整成为资源型产业发展的必然选择，而技术因素则是关键。为产业导入现代技术，不仅可以节约原材料的消耗，而且可以极大地提高劳动生产率，将高效生产和环境保护融为一体，带动产业结构升级，技术创新为区域产业发展注入了全新的生命力，产业竞争力不断提高的过程也是企业不断自主创新的过程，技术创新能力的强弱直接决定了资源型产业发展的速度和空间，也成为未来产业发展的潜在竞争优势。此外，技术创新会间接影响区域产业布局，改变了传统工业围绕原料产地的布局方式，技术创新提高了资源型产品的科技附加值含量，现代工业布局则以市场为中心，不再局限于原料产区，这种改变都将有利于盘活资源型产业竞争力。

7. 制度因素

资源型产业的发展关系到国家能源安全和工业化的实现，与其他产业相比，资源型产业更肩负着国家各项事业建设的历史使命，所以受到国家制度和政策的影响更为鲜明。在计划经济体制下，国家大力扶持并成就了一批国有大型企业，为国家能源和原料供应做出了突出贡献。但随着市场经济体制的逐渐完善，资源型产业的环境资源问题日益突出，面临实现经济和环境效益协调发展的双重任务，原有的计划经济体制已经严重束缚了产业发展，成为产业前进的绊脚石，必须要对国有资源型企业的管理体制和产权制度进行改革，建立现代企业制度，减少政府对企业的直接行政干预，理顺政府与企业之间的关系，给予企业自主经营和决策权力，为企业提供充足的发展空间。通过改制、重组和剥离等不同方式的灵活应用，地方国有企业的数量在逐渐减少，为进一步适应市场环境的需要，资源型国有企业组织形式由准军事化、行政化和准行政化，逐步向企业化转变[143]，实现企业的非国有化发展，有利于克服体制因素对企业发展的束缚，最大限度地盘活已破产企业的有效资产，提高对尾矿和废矿的利用效率，在激活企业经营动力的同时，提高企业的竞争实力，从而促进资源型产业结构的合理化和可持续发展。

4.2　环境规制对产业竞争力的影响机制

探讨环境规制对产业竞争力的影响机制，厘清环境问题进入企业决策环节的渠道是关键，只有将环境问题纳入企业的决策过程后，环境规制才会最终对产业竞争力产生影响。从本质上讲，环境规制对产业竞争力的影响机制，就是理解环境规制如何成为产业竞争力的“引擎”，抑或者成为束缚产业竞争力的“枷锁”。环境规制的实施不仅以污染治理成本，或者财政补贴等方式转嫁给企业，直接对产业竞争力造成影响，而且会通过企业的劳动力、FDI、产业集聚度、科技研发、所有制结构等多方面的因素间接影响产业竞争力，基于此，我们参照王文普（2012）和蒋伏心等（2013）的方法将环境规制对产业竞争力的影响机制，分为直接和间接两种[144]，并从这两个角度来详细分析各个影响机制的作用。

4.2.1 直接影响机制

1. 抵消效应

考虑到产业竞争力是集产业内所有企业和产品的综合行为，因此，环境规制对产业竞争力发生作用，理应从微观角度入手，分析企业对环境规制的反应状况，进而得出更加详细的产业层面的相关结论。

第一，增加了企业成本。环境规制的实施可能会给企业带来两方面成本的增加，一方面是显性成本，主要包括由环境管理部门或政府按照污染状况收取的相关税费，企业按照相应的环保要求增添的污染控制设备和装置，以及固体废弃物使用回收和堆放的费用，这些费用共同构成了企业的环境净化成本和环境损害成本；另一方面是隐性成本，环境规制的实施无疑提高了行业的进入门槛，使得已经进入和打算进入该领域的弱势企业选择退出，市场上只有技术过关或实力雄厚的国有大中型企业，增加了企业的经营负担。另外，企业对产品的性能或包装也要进行相应的改进，这又会产生流通环节的营运成本[145]。隐性成本的影响会在企业未来发展过程中逐渐表现出来。

第二，提高了管理难度。环境规制的主管部门调整出台相关治理污染政策，随着环境规制领域的不断扩大和规制强度的深化，迫使企业成立相应的部门或机构，针对现行环保政策研究应对方案，相关岗位和人员的设置，增加了企业的管理开支，改变了企业原有的行政结构，并对企业的经济与生态环境体制，社会责任等公共服务能力方面提出了更高的要求，这无疑都使得企业的管理难度加大。

第三，弱化了资金优势。由于企业一贯依靠高投入来维持高产出，在面对环境规制的强大约束下，这些企业通常需要更高的环保投入来达到环保标准，产业内的大中型企业应该肩负着更重的生态环保责任，但当环境治理的成本超出企业的承受范围，在追求利润最大化的目标驱动下，大中型可能会利用先天的资源和政治优势向政府“寻租”，这个过程所产生的费用挤占了企业自身的发展资金，进一步降低了企业的资金优势。

2. 补偿效应

政府实施环境规制措施，目的是为了使环境质量得以改善，企业如果能够积极主动响应环境标准，会得到一定的财政补贴，政府给予一些财政和产业政策支持，以弥补企业为降低污染水平造成的产出下滑和亏损，鼓励企业进行节能减排的积极行为，同时也为企业的发展赢得了一部分资金和机会。但环境规制中的补贴政策存在较大争议。Kamien 等（1966）指出企业可能会制造更多的污染，通过逐渐减少污染来获取政府补贴，这种做法让企业有利可图。Baumol 和 Oates（1988）认为补贴在一定时期内可以达到降低排放量的目的，但仅对单个企业有效，而行业的总排放量会有所上升。但 Ambec 等（2007）则提出，企业负责任的良好形象能让企业获得更多绿色基金，更容易从银行获批贷款。目前，政府已经在逐步制定能较全面反映环境成本的能源价格政策，或者对率先采用新能源及新材料的企业提供政策优惠，这些环境规制措施的完善和出台，都将有助于补充产业竞争力，推动企业自觉进行环境保护。财政补贴和优惠政策的安排，可以说是为企业解决了技术创新、生产环境友好型产品的后顾之忧，能更好地履行社会职责，最大程度地调动了企业的内在能动性，无疑对提高企业和产业整体竞争力起到了促进作用。环境规制对产业竞争力的直接影响机制过程如图 4-1 所示。

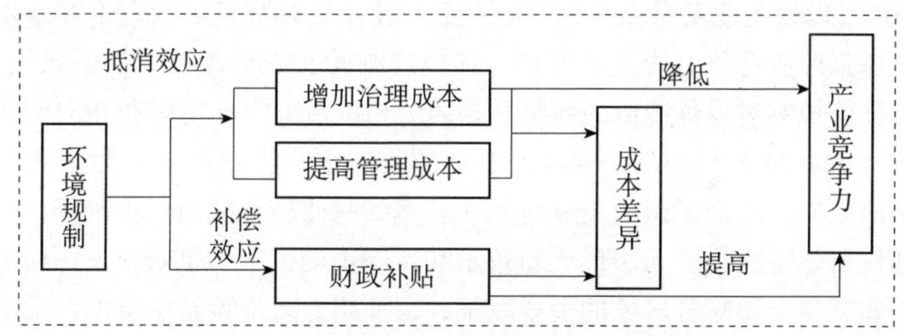

图 4-1 环境规制对产业竞争力的直接影响机制

直接影响机理制，是环境规制政策或制度本身对产业竞争力产生的影响，不是通过企业对环境污染状况改善以后体现出来的。从成本—收益的角度来分析，若环境规制只给企业带来成本的增加，却没有使企业从中获利，企业就很难主动提高环保水平，也无法提高企业的生存能力和竞争实力。可见，环境规制的成本收益分析是判断企业能否提升产业竞争力的关键。

4.2.2 间接影响机制

由于环境资源所具有的经济属性，使得企业在使用这一要素时，也要像其他生产要素一样支付相应的成本[146]。环境要素作为企业的生产要素之一，与土地、劳动、资本等其他生产要素共同构成了企业的生产成本。实施环境规制带给企业生产成本的变化，是环境资源要素在内的所有要素发生综合作用的结果。这也就意味着，环境规制不仅会以增加污染治理成本、财政补贴等方式直接影响企业的决策结果，而且会通过劳动、资本、FDI、市场环境、科技研发、产业集聚水平等间接渠道对企业产生影响，进而影响到产业竞争力水平。

1. 人力资本挤出效应

环境规制对劳动力的影响主要体现在人力资本的形成方面。环境规制的实施使得企业增加治理污染的费用，这就可能会使员工的工资和福利待遇受到压缩，以及培训学习等机会的减少，削弱了员工工作的积极性，阻挠了员工吸取新知识和技术的通道，不利于人力资本的积累和提高，而人力资本的薄弱无法为企业技术创新提供智力支撑。因为企业要达到环境规制的标准，实现生产工艺的改善提高资源利用率，转向环境友好型产品的生产，都得依托于技术创新活动，人力资本积累能为技术创新提供动力和源泉，但人力资本的缺乏使得企业既不能顺利实现这一目标，也不能对国外引进设备和技术吸收转化，无法推动企业的技术创新活动，直接制约了产业竞争力的提升。

2. FDI 区位决策效应

FDI 可以为企业发展提供充足的资金和技术，以弥补国内资本和技术的不足，是增强产业竞争力的重要力量。环境规制的实施会改变 FDI 的投资决策，为规避环境规制对投资造成的风险和损害，FDI 会流向环境规制相对较为宽松的区域（Baumol & Oates，1988）。本土企业由于环境规制对人力资本培养造成的挤出效应，降低了国内企业对 FDI 技术的吸收转化能力，不利于国外先进技术和设备的本土化，无法形成新技术和新知识的扩散示范效应。同时，环境规制的实施也会影响各区域的引资政策，促使当地政府调整引资的产业类型选择，从污染密集型产业转向资本和技术密集型产业，改变本土产业的内部结构，有利于产业竞争力水平的提高。

3. 技术创新效应

环境规制对技术研发的影响体现在两个方面：一方面，在企业发展预算额度有限的情况下，环境规制的实施会挤占企业的科研资金，技术研发需要相当规模的资金投入，还要承担一定的失败风险，研发的成果投入生产转化为经济效益，更需要较长的时间周期，技术创新的难度和特殊性，使得只有极少数大中型企业才可能具备研发的基本条件，拥有自己的研发机构和队伍，熊彼特（1990）强调只有大规模和垄断型的企业在创新上具有较强的优势，显然，缺乏雄厚的资金作支撑，研发很难顺利开展；另一方面，环境规制给企业造成成本的上升，而当企业无法将这部分成本转嫁给消费者或其他途径时，迫使企业产生了技术革新的动力，加快了技术研发的步伐，从而降低成本提高利润，由此形成企业在市场上的先动优势，率先拥有适合自身企业发展的核心竞争力，优先占领市场。当然，也可能情况截然相反，由于个别企业普遍抱有侥幸心理，面对较低的环境规制，更倾向于逃避排污责任或是采取末端治理的方式，环境规制无法转化为企业的创新动力，难以对提升产业竞争力起到积极影响。

4. 资本积累挤出效应

企业出于环境保护的考虑购入相关环保设备，提高对工业“三废”处理和净化能力，以便达到国家相关排污标准。但环保设备并不会对企业产生直接的经济效益，只能为企业有效降低超标排污产生的罚款和其他治理费用，通过企业未来发展取得一定的经济收益，因此环保设备也被认为是固定资产的组成部分。环境规制的实施需要企业引进国外先进的技术生产线，淘汰传统落后的生产方式。严格的环境规制会使得达不到环境标准的小型企业被迫关闭停产，这无疑增加了企业环保设备的购买成本，需要投入更多的固定资产投资，从而降低了企业用于再生产的资本积累，挤占了其生产性投资量，对资本积累产生了挤出效应。此外，环境规制会使资源等生产要素的价格发生改变，使产品价格能更加真实地反映出其环境成本和社会成本，纠正了先前资源要素价格扭曲的状态，提高了资源型产业的可变生产成本。随着环境规制强度的深化，资源型产品的价格会进一步上涨，这都将给企业资金链条和资本投入提出了更高的要求。固定和流动资产投资的双向上升，压缩了产品供给能力，影响了企业的市场占有份额和市场竞争力。

5. 产业集聚效应

环境规制对产业竞争力的作用会通过影响产业集聚进行传导。根据 Weber（1909）的工业区位理论，将产业集聚的过程分为两个阶段，环境规制会通过这两个阶段对产业竞争力形成影响。首先，环境规制对产业内部的影响。环境规制所造成的企业固定成本和可变成本的增加，制约了企业自身规模的扩张，无法实现产业链延伸和拓展，不利于企业集聚水平的形成；其次，环境规制对产业间的影响。环境规制提高了行业的准入门槛，会影响区域内企业的数量，使得已经进入和打算进入到该领域的企业选择退出，市场上剩下的企业只有污染技术过关和排污量得到控制的，或者是实力突出的国有大中型企业，使行业内容易围绕重点企业形成企业集团，提高产业集聚水平，尤其是资本密集度高的产业。徐敏燕等（2013）认为环境规制通过改变产业集聚程度，来影响产业竞争力，考虑不同行业所实施的环境规制差异，分为统一和分行业环境规制水平两种情况来考察，发现适当的集聚规模、合理的集聚结构不仅对改善环境质量有促进作用，而且对产业竞争力的提高也大有帮助，只是环境规制会对不同类型的产业集聚度造成不同程度地削弱[147]。

6. 市场效应

市场环境会影响环境规制对产业竞争力的作用强弱及方向。企业所处的市场环境与企业的所有制结构有关，熊彼特和钱德勒（1999）建立了分析企业规模结构与产业发展关系的理论框架，认为产业的技术进步水平是由大企业所占的比重和质量直接决定的，进而会影响到产业竞争力水平。竞争性市场结构的存在，有利于促进产业所有制改革（刘小玄，2003；张军，2009），解决产业资源配置无效和低效的问题。一方面，环境规制对不同所有制结构的产业竞争力影响不同。民营企业用来提高环境标准的技术和资金不足，环境规制增加的生产成本使得实力较差的民营企业最先退出行业领域，对民营企业的产业竞争力影响较为显著。对国有企业而言，国有大型企业的产出和排污要高于中小民营企业，承担着巨大的环保压力，但国有企业可凭借政企间形成的天然“血缘”关系，向政府寻租或逃避环境规制的责任，加之公众监督的缺失和行业领导地位的支撑，国有企业更容易丧失技术创新的动力，影响了产业竞争力的提高；另一方面，合理的市场结构有利于提高环境规制的效率。完善的市场机制可以引导环境规制的传播，节省环境规制的成本，有利于信息的披露和监督，提高公众参与的积极性和主动性，提升环境规制的实施效率，形成环境规制传导的畅通渠道，减少垄断因素的存在，防止大企业与政府达成的不合理协议，降低寻租的可能性，强化制度的约束和示范性，能建立起较完善的市场经济运用价格机制，使资源价格真实地反映出环境成本，最大限度地纠正资源要素价格扭曲的状况，使企业经营和产品流通的环节更加顺畅，生产出更多满足市场环保需求的高附加值产品，切实提升产业竞争力。

环境规制对产业竞争力的间接影响机制如图4－2所示。

4.2.3 综合影响效应

目前环境规制对产业竞争力的影响机制分析零散而有限，本研究围绕研究的核心主题，尝试从直接和间接影响两方面进行分析，以期能较全面系统地揭示环境规制对产业竞争力的影响机制。通过分析发现，环境规制对产业竞争力有正面影响的可能，也有负面影响的可能，既有“补偿效应”，又有“抵消效应”[148]，既有积极的动力，也有消极的阻力，这些影响综合作用的结果决定了对企业竞争力的净效应，所有企业的净结果总和构成了产业的总体效果，当积极效应大于消极效应时，会对产业竞争力造成提升的净动力，但是如果积极效应无法抵消甚至不能弥补环境规制对产业造成的消极效应时，则会对产业竞争力形成阻力。因此，环境规制对产业竞争力的最终影响结果，取决于各方面

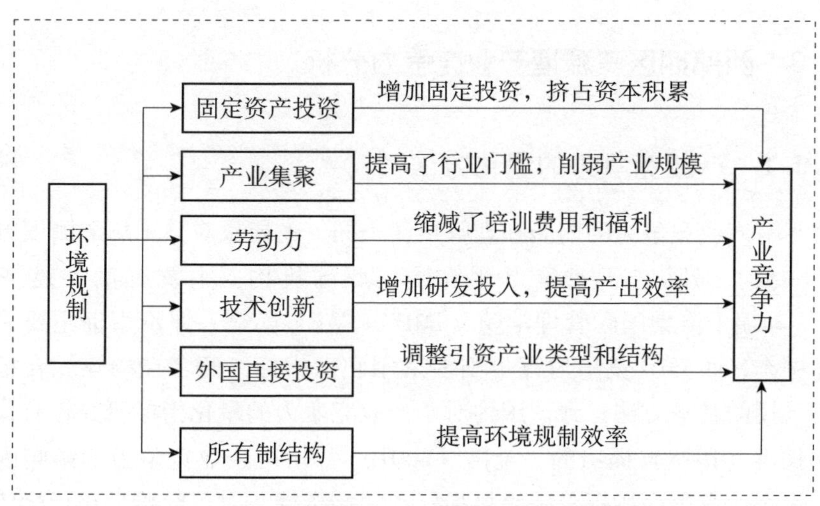

图4-2　环境规制对产业竞争力的间接影响机制

力量的此消彼长。从企业角度进行分析，有助于更清晰地理解环境规制对产业竞争力的影响途径和渠道。环境规制对产业竞争力的作用过程，其实是一个循序渐进、动态调整的过程，最终会形成以科技创新为主的动态核心竞争力。通过对影响机制的进一步分析，能帮助我们认识到各要素在形成产业竞争力中的所发挥的具体作用，为后续实证研究的开展厘清脉络，也为针对各要素的传导途径提出更有针对性的应对方案，对切实提高产业竞争力有所裨益。通过分析得出，目前环境规制对于资源型产业的影响仍然作为一个外部因素，来影响企业的生产决策和生产活动，并通过产业各因素间的相互影响和作用，最终对产业竞争力产生连锁反应，因此，要建立环境规制对资源型产业竞争力良性影响机制，可能需要较长的发展过程（见图4-3）。

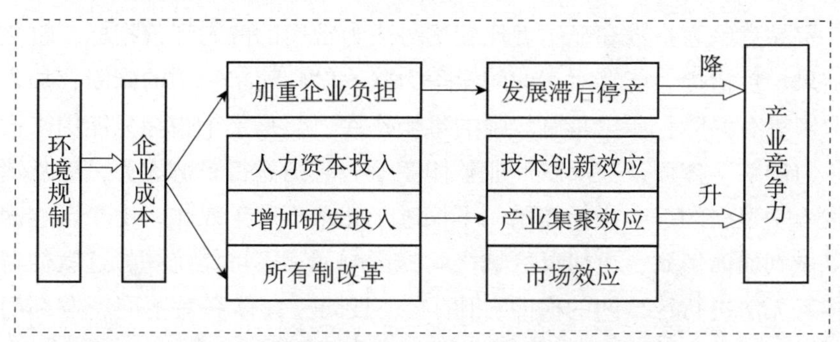

图4-3　环境规制对产业竞争力的综合影响效应

4.3 西部地区资源型产业竞争力分析

4.3.1 产业竞争力的量化方法

由于对产业竞争力的内涵和理解角度不同，也导致对其采用的测度方法和指标不一致。国际对于竞争力评价最权威的机构，主要有世界经济论坛（WEF）和瑞士洛桑国际管理学院（IMD）。WEF 竞争力评价指标主要采用专家问卷调查，而 IMD 竞争力评价则多采用硬性指标，两者在构建综合指标体系时所采用的基本方法一致。国内对于产业竞争力的量化指标研究较有代表性的是裴长洪（1998）提出的，金碚（2001）[149]根据企业竞争力的影响因素和结果，将企业竞争力指标分为直接指标和间接指标，对于间接量化指标依然采取问卷调查方法，所有指标选择遵循综合性和代表性原则。陈红儿和陈刚（2002）以竞争力的表现因素为主，展开对区域产业竞争力的评价研究。由于竞争力最终表现为目标市场上的占有能力、盈利能力和可持续发展能力，因此，有学者提出用市场占有率、集聚度来衡量不同区域相同产业的竞争力水平，而采用产业贡献率、产业成长状况来判断相同区域不同产业的竞争力，但对区域产业整体竞争力的考察则多采用建立综合指标体系的方法。其中，市场占有率是衡量产业竞争力的一项重要指标，以 Low 和 Yeats（1992）[150]、Sorsa（1994）[151]的研究最具权威性。此外，显示性比较优势（RCA）也是评价产业竞争力的通用指标，Yeats（1992）的研究结果表明，发达国家的 RCA 指数明显优于发展中国家，但随着污染密集型产业逐渐向发展中国家转移，发展中国家严重污染产业的 RCA 指数呈上升趋势，而发达国家却逐渐在下降。市场占有率、贸易竞争力指数和显示性比较优势成为常用的静态评价指标，也称之为竞争结果评价指标，能够对产业的竞争力状况做到简单明了的判断，加之指标的获取来源有保障，所以具有较强的可操作性。但是单个指标只能用来衡量产业竞争力的某一方面，在反映产业整体竞争力时则显得单薄无力，而从诸多影响因素入手建立的综合指标体系，不仅过于庞杂不利于操作，由于影响因素诸多难以做到面面俱到，更何况区域之间的影响元素不可能统一，这就使得综合指标体系无法进行区域间的横向对比[152]，且同一套体系对不同产业部门不具有普遍适用性，指标要本着为不同研究视角服务的初衷，这就无形中放大了指标体系建立的随意性易背离客观事实[153]。

产业竞争力量化指标也是各有利弊，很难统一，所以产业竞争力的实证分析量化指标的选择是重点，理论认识的不一致又增加了量化工作的难度，如何根据所研究的主题确定合理和令人信服的指标显得格外重要，同时厘清各指标之间的交互关系剔除包含重复信息的指标[154]，提高指标的象征性和代表性，以增加实证的说服力和真实性，考验着研究者的智慧和理论水平。

4.3.2　产业竞争力测度

1. 指标选取

目前产业竞争力指标的测度方法呈现出多样化，主要是从产业竞争力的影响因素和市场表现两个角度进行。由于产业竞争力概念的多维动态特征，单一指标无法满足对产业竞争力的代表性，对区域产业竞争力的考察侧重于所产生的积极效果，因此，参照侯伟丽等（2012）[155]以及王文普（2013）[156]对产业竞争力的测度方法，采用产业增加值增长率、就业增长率、成本费用利润率、流动资金周转指数、全员劳动生产率等 5 个指标来构造区域产业竞争力指数。

产值的增长速度直接反映出产业的成长或衰退迹象，是产业竞争力的最有力证据，利润是反映产业发展成效的常用指标，前三个指标也是产业在市场竞争中的具体表现。效率是构成产业竞争力的必要条件，流动资金周转次数、全员劳动生产率用来反映企业的效率水平（见表 4－1）。

表 4－1　　产业竞争力指数的单项指标

指标	指标说明	指标计算
产业增加值增长率（%）	反映产业增长力，发展规模和速度的动态变化	（当年产业增加值－上年产业增加值）/上年产业增加值
就业增长率（%）	反映产业就业人数的增加及产业的成长状况	（当年就业人数－上年就业人数）/上年就业人数
成本费用利润率（%）	反映产业盈利能力和投资效益	利润总额/成本费用总额
流动资金周转次数（次/年）	反映流动速度越快，资金的效益越高，获利能力越强	
全员劳动生产率（元/人）	产业的生产效率，人均创造的企业产值的高低	产业增加值/从业人员年平均数

（1）基础指标的处理。由于各省统计口径存在不一致，导致指标也有出入，所采用指标有大中型工业企业经济效益指标、全部国有及规模以上非国有工业企业主要财务指标、规模以上工业企业主要经济效益指标，以上五个指标来源于各省统计年鉴，年鉴中没有直接统计的，则根据公式进行计算得到。

（2）归一化处理。由于竞争力指数是五个不同单项指标所组成，因此需要利用标准化处理方法将各子项转为｛0－1｝的值，只有通过无量纲化处理，才能消除变量间单位的不一致。

$$B_{it} = \frac{A_{it} - A_{i\min}}{A_{i\max} - A_{i\min}} \tag{4.1}$$

其中，B_{it} 为污染指标的标准化值；A_{it} 为指标的原始值；Max 和 Min 分别为各指标在考察期内的最大值和最小值；i 为不同工业行业（$i=1, 2, 3, \cdots, 13$）；t 为考察的年份。然后将各指标进行算术平均，最后得到合成的单一竞争力指数（见表 4－2）。

表 4－2　西部地区资源型产业竞争力指数 RIC　单位：%

分行业	1998 年	1999 年	2000 年	2001 年	2002 年	2003 年	2004 年
煤炭开采和洗选业	32.35	31.22	31.24	34.80	39.35	36.28	31.93
石油和天然气开采业	48.29	50.45	48.06	55.57	57.82	46.40	35.95
黑色金属矿采选业	41.46	39.88	32.52	42.96	45.69	48.99	51.20
有色金属矿采选业	46.94	42.87	38.08	38.78	38.63	40.81	44.55
非金属矿采选业	38.50	32.00	28.78	31.25	37.82	34.83	26.30
石油加工、炼焦及核燃料加工业	43.40	45.24	47.53	48.94	48.46	44.73	49.55
化学原料及化学制品制造业	36.96	36.00	33.37	37.38	37.13	35.22	30.63
化学纤维制造业	31.66	34.64	31.20	24.34	22.80	26.76	28.57
非金属矿物制品业	37.14	33.30	34.13	38.93	38.96	33.39	25.18
黑色金属冶炼及压延加工业	35.26	36.94	34.56	39.84	36.79	36.94	34.63
有色金属冶炼及压延加工业	40.68	44.81	42.21	46.72	43.04	43.48	35.43
金属制品业	34.88	29.04	29.46	32.61	32.04	26.94	25.57
电力、热力的生产和供应业	52.28	51.69	49.81	54.34	52.46	46.71	38.30
分行业	2005 年	2006 年	2007 年	2008 年	2009 年	2010 年	2012 年
煤炭开采和洗选业	32.75	32.68	40.85	47.70	44.81	46.85	38.35
石油和天然气开采业	44.34	52.72	48.18	46.84	45.12	45.26	46.89
黑色金属矿采选业	45.02	37.51	43.49	46.50	37.63	39.05	21.95
有色金属矿采选业	47.69	50.57	44.59	36.12	39.24	41.71	38.83
非金属矿采选业	30.44	35.26	35.75	34.89	34.67	40.38	37.77
石油加工、炼焦及核燃料加工业	43.57	37.49	39.00	41.79	44.29	53.12	46.49
化学原料及化学制品制造业	29.60	28.68	28.59	29.57	30.53	31.62	27.23
化学纤维制造业	24.71	22.07	23.22	22.80	21.91	26.27	26.49
非金属矿物制品业	26.17	26.91	27.29	31.85	32.34	34.48	30.95
黑色金属冶炼及压延加工业	30.10	27.79	29.19	31.35	29.07	28.04	29.95
有色金属冶炼及压延加工业	40.00	46.08	38.99	30.57	30.93	39.07	30.73
金属制品业	24.38	23.27	27.68	35.27	31.05	29.18	36.19
电力、热力的生产和供应业	35.28	34.41	35.21	33.14	34.31	36.40	36.27

资料来源：根据历年各省统计年鉴计算整理所得。

2. 产业竞争力测度结果分析

通过对 1998～2012 年西部地区资源型产业竞争力的测度，可以发现，不同资源型产业的竞争力状况不同，1998 年产业竞争力指数达到在 40% 以上的行业有：石油和天然气开采业、黑色金属矿采选业、有色金属矿采选业、石油加工炼焦及核燃料加工业、有色金属冶炼及压延加工业、电力、热力的生产和供应业；2012 年，只有石油和天然气开采业、石油加工、炼焦及核燃料加工业的产业竞争力指数仍然保持在 40% 以上，其他行业均出现不同程度的下降。

图 4－4 表明，各行业的产业竞争力指数均有较大起伏波动。资源采掘类行业中，数煤炭采选和非金属矿采选业的产业竞争力指数较低，其余行业的产业竞争力水平接近，尤其是黑色金属矿采选和有色金属矿采选业的产业竞争实力相当，几乎变动保持在同一个水平线上，这也说明，这两个行业的发展状况和条件极为相似；资源加工类行业中，石油加工、炼焦及核燃料加工业的产业竞争力最高，并与电力、热力的生产和供应业的产业竞争力指数大小相当；化学纤维制造业、非金属矿物制品业、黑色金属冶炼及压延加工业的产业竞争力整体变动趋势相似，其产业竞争力指数也大致接近；化学原料及化学制品制造业与金属制品业的变动趋势基本一致。总体来看，资源开采类行业的产业竞争力指数略高于资源加工类行业。

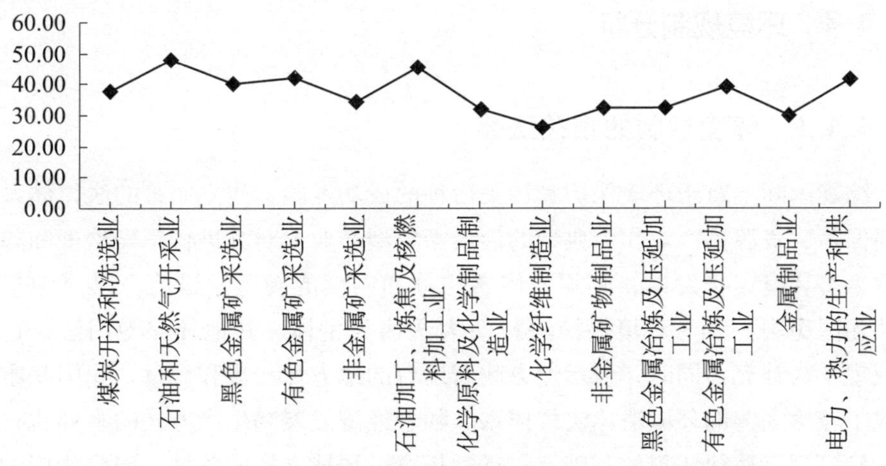

图 4－4　1998～2012 年西部地区资源型产业竞争力平均变动趋势

图 4－5 显示，1998 年产业竞争力指数最高的是新疆，其次是青海，最低的是宁夏，其他地区的产业竞争力指数较为接近。2012 年，产业竞争力指数最高的是四川，最低的是内蒙古，产业竞争力增加的地区有：广西、重庆、四川、陕西、甘肃，产业竞争力下降的地区有：内蒙古、贵州、云南、青海、宁夏、新疆，其中降幅最大的是新疆，其次是内蒙古，而降幅最小的是宁夏，从整体来看，1998～2012 年西部地区产业竞争力增加趋势不是很明显，产业竞争力的变动没有明显的规律性，各地区存在不同程度的差异。

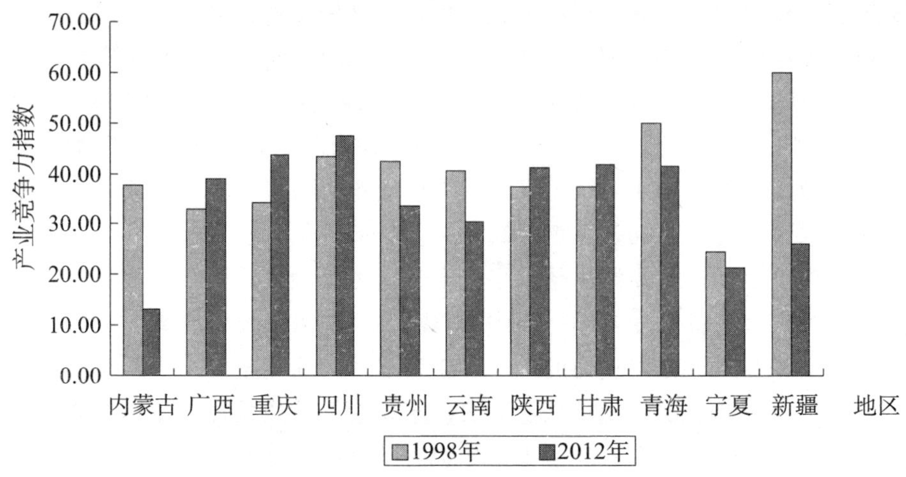

图4-5 产业竞争力指数的省际对比

4.4 环境规制分析

4.4.1 环境规制的相关法律

综观国际上对于环境保护和污染治理的成功经验，建立完善的法律体系是必要保障，资源型产业作为典型的污染密集型产业，对其进行污染治理和防止严重生态环境灾害发生，必须要依靠法律和制度的规范。目前，以《中华人民共和国宪法》和《环境保护法》两大法律为主体，其他环保专门法、行政法规规章为补充，同时，包括地方政府出台的地方性法规和规章，我国基本上形成了较为完善的环境法律法规体系。随着经济发展和生产方式的多样化，在完善修订现有法律法规的基础上，逐渐拓宽了环境立法的领域，出台相应配套的新环境法律法规，不断加强环境监管的权威性。这些法律和法规的建立，进一步明确了权力和责任主体，对污染企业和群体进行强制性的控制和约束，加大了环境资源的保护力度，其可操作性和执行性也在逐步提高，使得对资源型产业的环境治理有法可依，这对于控制污染排放、治理环境污染、节约资源并加以循环利用方面，都起到了积极推动的作用。此外，在发挥好环境资源法律与行政法规主体作用的同时，应该辅以其他调整手段的协同功能，国家和地方制定和公布的环境保护标准，如污染物排放标准、环境质量标准，进一步规范引导产业发展方向，促进环保技术进步，已经成为环境管理的重要依据和手段。

从表4-3中可以看出，我国现行法律对环境保护主要采取“末端治理”方式，“十一五”以来，环境保护逐步开始在生产领域，由传统的末端治理转向源头和全过程控制[157]，工业污染防治模式从“污染后才治理”走向“全过程治理”的模式，逐步将“清洁生产”的理念贯穿到企业产品生产始终。环境保护的理念和方式都发生了历史性的转折，人们逐渐认识到了源头治理和过程管理的重要性，不仅能有效控制工业污染排放，而且能极大地降低生产消耗，可以说是达到了节能降耗和减污增效的双重效果，成为实现循环经济和节约型社会的重要途径，并能引导企业调整能源使用结构，提倡使用清洁能源等行为①。

表4-3　我国资源环境保护和污染控制的相关法律及行政法规

资源环境主题	相关法律	行政法规
生态环境保护	《中华人民共和国宪法》《中华人民共和国环境保护法》《水土保持法》《海岛保护法》《中华人民共和国海洋环境保护法》《森林法》《草原法》《渔业法》《矿产资源法》《土地资源管理法》	《环境保护法规解释管理办法》《建设项目环境保护管理程序》《环境保护违法违纪处分暂行规定》《建设项目环境保护管理条例》《环境保护行政处罚办法》
污染控制	《大气污染防治法》《水污染防治法》《固体废物污染环境防治法》《安全生产法》《环境影响评价法》《有毒化学品污染防治法》《土壤污染防治法》《环境噪声污染防治法》	《征收排污费暂行办法》《水污染防治法实施细则》《环保优质产品评选管理办法》《放射环境管理办法》《超标污水排污费征收标准》《超标环境噪声排污费征收标准》《征收工业燃煤 SO_2 排污费试点方案》《海河流域水污染防治条例》《酸雨控制区和二氧化硫控制区划分方法》《水污染防治法实施条例》《排污费征收使用管理条例》《全国污染普查条例》
节约资源能源	《节约能源法》《循环经济促进法》《清洁生产促进法》《煤炭法》《电力法》《可再生能源法》	《清洁生产审核暂行办法》

资料来源：作者整理。

4.4.2　环境规制的量化方法

由于环境因素的复杂性和各国情况的差异性，使得环境规制统计数据难以获取，环境规制的量化工作一直是困扰研究深入的最大障碍（Yu & Kolstad，2002），而发展中国家经济发展落后和在环境统计方面的力量薄弱又使问题变得更加突出。国际上，对于环境规制的测度起主导作用的是以美国为首的发达

① 习近平．大力发展循环经济，建设资源节约型、环境友好型社会［J］．管理世界，2005（7）：1-4.

国家，以定期统计和公布的污染减排成本（PAC）指标为依据，这也是早期基于产业和企业层面的研究对象主选美国的客观原因。PAC 等定量的统计指标的出现取代了起初运用定性描述的方法，Jaffe 等（1995）[159]认为该指标存在种种缺陷，但由于可供选择的指标较少，PAC 指标仍旧被公认为最理想的指标。但是 PAC 指标所涉及的国家毕竟有限，在针对大多数发展中国家环境规制问题研究时，只能选择某些替代变量，替代指标的准确选择决定了研究结论的准确程度，测度指标的不一致性加剧了环境规制的国别差异，迫使在陆续的跨国研究中，Walter 和 Ugelow（1979）最早开始构建投入产出指标的环境综合指数。在国内实证研究中也逐渐采用指数型指标，但是与国外研究所不同的是，主要以污染物排放量和污染治理投资额作为基础指标替代了多种定性、定量指标的做法。纵观环境规制测度方法的调整，主要遵循了从投入型指标向绩效型指标转变的过程。其中，国际上投入型指标主要指企业的直接污染成本包括资本设备投入和治污设施运营维持费用，国内在省级层面讨论环境规制时常用污染治理投资额和治污运营成本两个指标（朱启荣，2007；黄菁等，2011），产业层面研究的主要采用治理设施运行费用指标（段琼等，2002；张成，2010；张三峰等，2011）；绩效型指标指环境规制下的企业污染水平，包括排污费（税）、工业污染物排放量等，常用指标如二氧化碳（CO_2）和二氧化硫（SO_2）排放量，Xepapadeas 和 Zeeuw（1999）和 Dean 和 Wang（2005）、赵玉焕（2009）采用排污税衡量规制强度。Yu 和 Kolstad（2002），Cole et al.（2006），Madsen（2009）等以 SO_2 排放量衡量国家层面的规制强度，李怀政（2011）以二氧化硫的去除率替代环境规制[159]。除此之外，国内外经常采用其他间接定量指标来衡量环境规制强度，包括：包群、彭水军（2006）采用环境规制政策；Cole 和 Elliot（2003）、Copeland 和 Taylor（2004）认为，较高的人均收入水平对环境质量的要求也相应较高，意味着该地区的环境规制水平倾向于严格化，较低的人均收入水平相对而言对环境质量的要求不是很高，相应的环境规制强度不高，因此人均收入水平可以作为替代变量来衡量环境规制的区域差异[160][161]；政府环境规制机构对企业排污的检测和监察次数（Laplante & Rilstone，1996）；肖红和郭丽娟（2006）开始尝试将污染物排放量进行标准化处理来构建环境强度指数，之后傅京燕和李丽莎（2010）也仿效其做法构建的综合指数[162]；张成（2011）[163]综合考虑到以上几种方法的不足和缺陷，采用几种指标的混合测度来刻画环境规制水平。随着环境统计方法的不断改进，环境规制的指标设定越来越趋于完善，对实际环境规制状况的刻画也更加客观准确。但由于诸多测度指标的同时存在，单一与混合、投入与绩效、直接与间接等指标，而对于指标的选择却欠缺统一标准，无疑加大了对指标处理的随意性操作，降低了所得结果的可比性。往往对同一研究对象因指标差异会产生互相矛盾的结论，使得实证研究的解释力与说服力大打折扣，制约了研究的顺利推进。综上所述，目前国内外关于环境规制的测度依然存在很多缺陷，造成实证研究进展相对缓慢。

随着环境保护力度的不断加强，近年来资源型产业面临着巨大的环保压力，部分资源型企业难免存在偷排、漏排、超标排放的非法排污现象，虽然国家整体上加大了对资源型产业的环境治理和减排力度，但地方政府对环境保护的执行情况并不是很乐观，尤其资源型产业的发展与地区经济增长和政府功绩紧密相连的情况下，环境保护标准与发达国家的环保标准仍然有很大差距，基于这些因素的考虑，有必要对地区的环境规制强度进行测度和考察，以此作为衡量区域环境改善的依据。

4.4.3　环境规制测度

1. 指标选取

由于我国目前对工业污染排放的规制方式是末端治理，而环境保护部门也将工业污染排放量作为判断处罚的主要依据，因此我们选择工业污染排放量达标状况来衡量环境规制的严格程度。为防止对环境规制测度过于粗糙，保证行业环境污染状况测量的真实性和准确性，并充分考虑了行业差异性及污染物种类的区别，选择 13 个行业分类方便于在行业层面展开后续研究。参照傅京燕、李丽莎（2010）[164]的方法选择五种不同污染物的排放达标率（去除率），能更加全面地衡量环境污染深度，克服了单一指标的缺陷，从治理污染和污染排放两个方面更能体现环境规制的严厉程度，将各类污染物排放数据进行线性标准化和加权和平均的综合指数法处理，将各污染排放指标折合成单一综合指数的方法与产业竞争力指数测算方法相同。具体计算过程如下：

（1）选取 5 个单项指标。考虑到污染排放物的数据可得性及对环境的危害程度，选取工业废水、二氧化硫、烟尘、粉尘、固体废弃物等原始排放数据及对应污染物的去除量或综合利用量数据。分地区工业行业污染排放数据来源于 1999 ~2013 年各省统计年鉴，以及《中国环境统计年鉴》的数据作为补充，其中个别省份缺失分行业的污染数据按照各行业工业产值与全部工业产值的比，乘以全省各类污染物总量得到的估计值，各单项指标的计算方法见表 4 -4。

表 4－4　　环境规制指数的单项指标

指标	指标说明	指标计算
工业废水达标率	反映工业废水的净化处理能力	工业废水达标排放量/工业废水排放量
工业二氧化硫去除率	反映二氧化硫的回收利用水平	SO_2去除量/（SO_2排放量＋SO_2去除量）
工业烟尘去除率	反映烟尘的治理能力	烟尘去除量/（烟尘排放量＋烟尘去除量）
工业粉尘去除率	反映产业粉尘的去除能力	粉尘去除量/（粉尘排放量＋粉尘去除量）
工业固体废物综合利用率	反映固体废物的综合利用效率	固体废物综合利用量/固体废物产生量

（2）单项指标归一化。对各个单项指标作无纲量化的处理，通过数学变换以消除指标单位不一致造成的不可度量性，消除指标间的矛盾状况，以便于得到综合性指数。按｛0－1｝的范围分别对 5 个单项指标进行线性标准化处理。

$$Q_{ij} = \frac{N_{ij} - N_{i\min}}{N_{i\max} - N_{i\min}} \tag{4.2}$$

其中，Q_{ij} 为污染指标的标准化值，i 表示不同的工业行业（$i=1,2,3,\cdots,13$），j 表示污染物种类（$j=1,2,\cdots,5$），N_{ij} 代表指标的原始值，Max 和 Min 分别为表示各类污染物指标在资源型工业行业中对应年份的最大值和最小值。

（3）权重的计算。由于污染物种类和行业均存在差异性，导致污染排放数据相差较大，因此需要计算各指标值的权重 G_j，根据不同行业不同污染物分别赋予不同权重，以便更准确地反映各行业不同污染物治理力度的变动情况。

$$G_j = \frac{N_{ij}}{\sum N_{ij}} \Bigg/ \frac{Y_i}{\sum Y_i} \tag{4.3}$$

其中，N_{ij}表示第 i 个行业的第 j 种污染物排放量与全国同类行业的同种污染物排放量之比，Y_i 表示第 i 个行业的工业产值与全国同类行业工业总产值的比，G_j 为计算出的权重，依次计算可以得到五种不同的污染物的权重。

（4）综合指数。根据前面已经计算出的式（4.2）和式（4.3）的结果，可以得到环境规制指标的综合指数（ERS）。其计算公式为：

$$ERS_i = \frac{1}{n}\sum_{j=1}^{5} G_j \times O_{ij} \tag{4.4}$$

环境规制指数越高，说明环境规制越严格，指数越低则表明环境规制越放松。西部地区 13 个资源型行业 1998～2004 年，资源开采类行业的 ERS 指数整体明显低于资源加工类和水电行业，2005～2011 年，这种差距表现不是很明显。

2. 环境规制测度结果分析

如表 4－5 所示，资源型产业的环境规制指数普遍较低。经过 15 年的发展，环境规制整体上升的幅度并不是很高，1998 年环保部门开始对全国的环境污染排放量进行监测和统计，将污染排放和环境治理纳入到国家经济发展的总体规划中。同年，环境规制指数最高的是化学纤维制造业（3.00），其次是石油加工、炼焦及核燃料加工业（2.01），有色金属冶炼及压延加工业（2.10），金属制品业（2.49）及电力、热力的生产和供应业（2.13），资源加工类行业和电力热力行业的环境规制强度普遍高于资源采掘类行业。2012 年，环境规制指数最高的是金属制品业（3.88）及电力、热力的生产和供应业（3.76），其次是石油和天然气开采业（3.04）、化学原料和化学制品制造业（2.59）、化学纤维制造业（2.25）、黑色金属冶炼及压延加工业（2.61），出现小幅度增长，但同样资源采掘类行业的环境规制水平明显较低，这是因为，与资源加工类和电力热力行业相比较，资源采掘类行业对环境的污染和损害具有隐蔽性和滞后性的特点，对生态环境造成更加难以修复的破坏，同时引起地质结构改变和生物物种的毁灭，随着矿区开采力度的增加，这种环境损害在加深并呈现出空间范围扩大化的趋势。

表 4-5 西部地区资源型产业环境规制指数

分行业	1998 年	1999 年	2000 年	2001 年	2002 年	2003 年	2004 年
煤炭开采和洗选业	0.73	1.00	3.76	2.04	1.31	1.10	1.09
石油和天然气开采业	0.62	1.52	4.03	4.82	4.43	1.96	4.07
黑色金属矿采选业	0.15	0.25	1.35	1.06	0.77	0.90	1.10
有色金属矿采选业	0.85	1.40	2.62	2.96	1.75	3.89	2.05
非金属矿采选业	0.25	0.54	1.67	1.76	0.88	0.69	1.19
石油加工、炼焦及核燃料加工业	2.01	1.55	2.03	2.99	2.50	2.34	1.23
化学原料及化学制品制造业	1.25	2.41	4.26	2.78	2.16	2.72	1.80
化学纤维制造业	3.00	2.49	3.82	2.50	2.30	2.41	2.44
非金属矿物制品业	1.11	0.51	0.94	1.63	1.40	1.75	1.16
黑色金属冶炼及压延加工业	1.24	1.59	1.96	1.37	2.08	1.48	1.29
有色金属冶炼及压延加工业	2.10	2.70	3.40	3.11	2.13	2.74	2.14
金属制品业	2.49	3.32	3.51	2.89	2.41	2.25	3.10
电力、热力的生产和供应业	2.13	2.39	5.46	3.3	4.12	1.82	1.53

分行业	2005 年	2006 年	2007 年	2008 年	2009 年	2010 年	2012 年
煤炭开采和洗选业	1.02	2.08	1.49	1.80	2.16	1.98	0.90
石油和天然气开采业	3.59	2.05	3.04	1.46	2.26	2.77	3.04
黑色金属矿采选业	1.09	1.49	2.31	1.68	1.87	2.20	0.89
有色金属矿采选业	1.74	2.73	3.20	2.06	2.86	3.40	1.33
非金属矿采选业	1.43	0.82	0.97	1.00	1.16	1.28	1.07
石油加工、炼焦及核燃料加工业	1.20	1.00	0.26	1.33	4.74	1.45	1.59
化学原料及化学制品制造业	1.37	1.90	2.04	2.30	3.81	2.39	2.59
化学纤维制造业	2.41	1.09	1.26	2.14	2.86	2.51	2.25
非金属矿物制品业	1.32	1.36	0.49	2.73	1.30	1.64	1.61

续表

分行业	2005 年	2006 年	2007 年	2008 年	2009 年	2010 年	2012 年
黑色金属冶炼及压延加工业	1.14	1.69	1.60	4.31	1.39	2.76	2.61
有色金属冶炼及压延加工业	2.05	2.26	2.52	3.58	4.43	2.70	2.11
金属制品业	2.19	2.11	0.52	1.85	0.06	3.60	3.88
电力、热力的生产和供应业	1.10	2.07	2.83	6.44	2.76	3.52	3.76

资料来源：根据历年各省统计年鉴计算整理所得。

图 4－6 反映了 1998～2012 年西部地区资源型产业环境规制的平均变化趋势，与产业竞争力一样，各行业的环境规制均有较大波动。资源采掘类行业中，煤炭开采和洗选业、黑色金属矿采选业、非金属矿采选业三个行业的环境规制指数整体变动幅度基本一致，环境规制显示较低；石油和天然气开采业、有色金属矿采选业的环境规制较高，表明环境规制较为严格；资源加工类行业中，除非金属矿物制品业的环境规制水平明显较低外，其他行业的环境规制表现出逐渐递增的态势；电力、热力的生产和供应业的环境规制指数是 13 个资源型产业中最高的；从行业整体来看，资源开采类行业的环境规制水平差距较大，除了石油和天然气开采业和有色金属矿采选业的环境规制略高，其余采选行业的环境规制强度均明显弱于资源加工类行业和电力、热力行业。

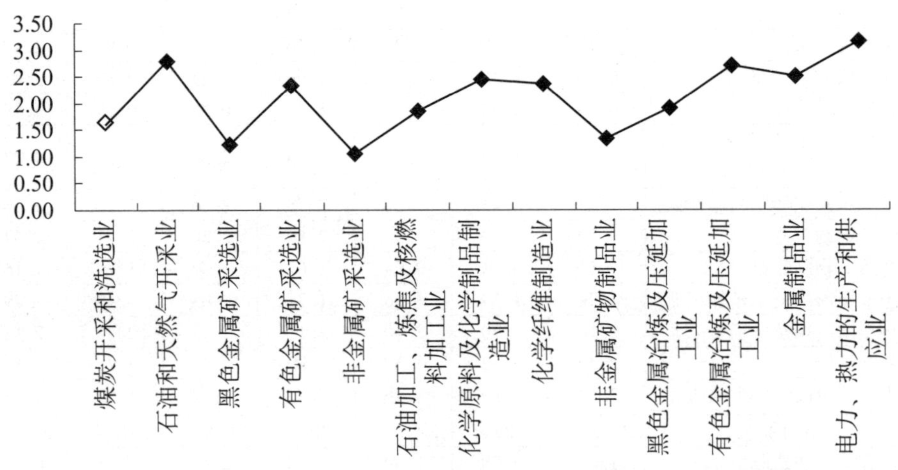

图 4－6　1998～2012 年西部地区资源型产业环境规制平均变动趋势

由图 4－7 可知，1998 年环境规制指数较低，其中贵州的环境规制指数最高达到 4 以上，最低的是新疆仅为 0.42。到 2012 年，环境规制指数各地区均出现不同程度的增加，其中增幅较大的省份是四川、陕西、新疆，陕西达到 3.82 成为西部地区环境规制强度最高的区域，这符合全国加强环境规制力度的总体趋势，只有贵州和青海出现下降，贵州的降幅最大为 50% 以上，内蒙古和广西的环境规制趋势接近，重庆、贵州、云南；甘肃和青海的变动趋势非常相似。可以看出，西部地区省际之间的环境规制水平参差不齐，环境规制表现出明显的区域差异性。虽然整体西部地区的环境规制呈现逐步加强的态势，但局部地区仍然存在弱化现象。通过环境规制的省际比较，可以进一步清晰地捕捉到西部地区区域内部环境竞争状况。

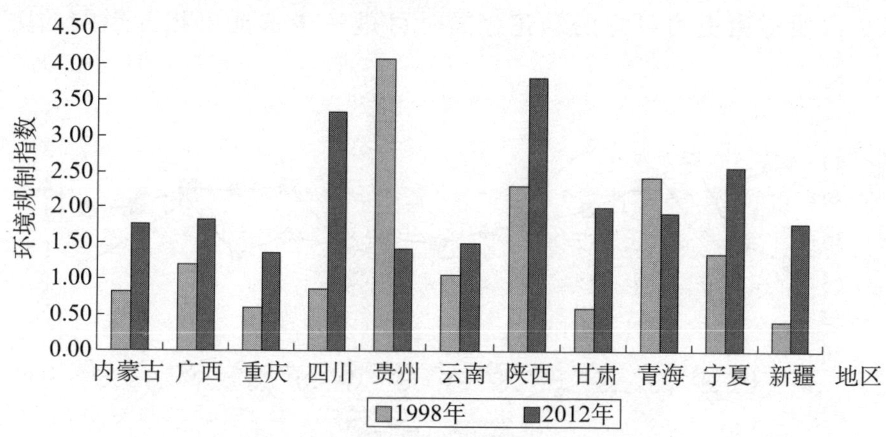

图 4－7　西部地区环境规制指数的省际对比

4.5　环境规制与产业竞争力相关性分析

为了进一步观察环境规制与产业竞争力关系的密切程度，可以通过两者的变动趋势做出初步的判断。1998～2012 年，环境规制与西部地区资源型产业竞争力的整体变动趋势上看，二者表现出阶段性的波动特征，1998～2001 年，环境规制呈上升的趋势，产业竞争力呈现出下降的趋势，二者出现反向变动关系，2000～2001 年，环境规制增长到这一时期的最高点，而产业竞争力恰恰达到这一时期的最低点；2001～2004 年，环境规制 2001 年后开始转折出现下降，下降的速度也是成递减状态，产业竞争力也开始出现转折，大幅提高，此后逐渐以递减的速度在上升，到达 2002 年的顶点之后逐渐下降，这一阶段环境规制与产业竞争力都表现出下降趋势；2005～2008 年，环境规制与产业竞争力保持了较稳定的增长，二者的变动趋势比较接近和吻合；2008～2012 年，环境规制在这一阶段是表现比较平坦，逐渐下降，产业竞争力先为缓慢下降然后迅速上升，紧接着又出现快速下降（见图 4－8），综观 1998～2012 年环境规制与西部地区资源型产业竞争力的整体变动趋势，可以说是经历了由分裂到较一致的过程，由环境规制与产业竞争力的反向变动关系，到逐渐趋势一致，二者表现出相关性较强。仅从整体趋势判断，从 2001 年以后，二者的变动轨迹出现高度的耦合性，这种状况属于意外巧合还是有着某种内在的逻辑性，说明环境规制并没有像我们想象中的给产业竞争力带来不利影响，也没有使得产业竞争力大幅度滑坡。当然，这样得到的结论比较粗糙，由于环境规制只是影响产业竞争力的其中一方面的因素，需要将其他的影响因素同时进行考察，以便得出更为可靠的结论，同时可进一步求证出相互影响的关系走向。

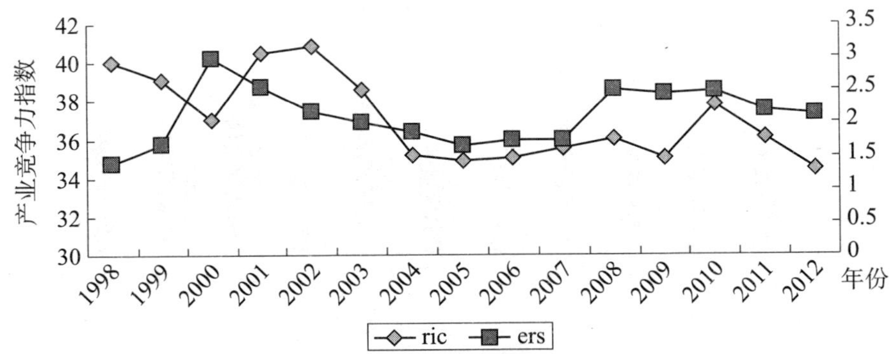

图 4-8 环境规制与西部地区资源型产业竞争力变动趋势（1998～2012 年）

4.6 本章小结

本章在对西部地区资源型产业竞争力影响因素理论分析的基础上，并从直接、间接两方面分析了环境规制对产业竞争力的影响机制，分别对环境规制和西部地区资源型产业竞争力进行了测度，得出结论如下：

第一，梳理了西部地区资源型产业竞争力的影响因素，这为进一步分析各因素与环境规制的关系，厘清西部地区资源型产业竞争力提升过程中存在的动力和阻力，为切实提高西部地区资源型产业竞争力的解决对策提供了理论依据。

第二，依据环境规制对产业竞争力产生的具体影响，从直接和间接影响两方面进行分析，就环境规制可能通过的传播路径对产业竞争力造成影响，提炼出环境规制的直接影响有抵消效应、补偿效应两方面，间接影响有人力资本挤出效应、FDI 区位决策效应、资本投资效应、产业集聚效应、技术创新效应、市场效应等六个方面，直接和间接影响共同作用于环境规制对产业竞争力的影响过程，形成了环境规制的综合影响效应。

第三，在借鉴大量已有研究成果的基础上，结合西部地区资源型产业的自身特点，构造产业竞争力和环境规制的测度指标，直观地判断环境规制与产业竞争力的变动状况。虽然 1998 ~ 2012 年环境规制在逐步加强，但环境规制水平整体不高，西部地区资源型产业竞争力的变动趋势与环境规制表现为从反向到趋同的过程，环境规制与产业竞争力之间出现较强的相关性，但这种关系是否有着内在的逻辑性呢？为进一步明确环境规制对西部地区资源型产业造成的具体影响，需要将各种因素纳入计量模型作多元回归来求证。

第5章

环境规制对产业竞争力的影响——从区域角度考察

本章重点研究环境规制对西部地区资源型产业竞争力的影响。尽管西部地区资源型产业结构存在严重的趋同性，但区域经济发展差异化已是一个不争的事实。西部地区依托本区域内丰富的资源以谋求地区的发展，逐渐凸显出的环境问题亟待解决。本章基于区域经济发展理论，从区域的视角来探寻环境规制对产业竞争力的影响状态和途径。目前在各区域普遍实行命令控制型环境规制水平下，环境规制对各区域产业竞争力是否会产生相同的影响关系？提高环境规制水平是否会给区域产业发展带来不良的后果，各区域未来的命运又将怎样被改写？值得我们进行深入的研究和分析。

5.1 基本假设的提出

针对环境规制与产业竞争力的关系，国内学者进行了大量的研究。

一是从全国层面，主要是从产业国际竞争力的角度来探讨二者关系，曲如晓（2001）从整体角度重新审视了环境规制与国际竞争力的关系，认为适当的环境规制可以从两个方面起作用，一方面提高了企业的环境意识，另一方面为企业营造了创新的动力和压力[165]；曾凡银（2003，2007）认为发达国家环保措施中的“绿色壁垒”会对我国的竞争力产生负面影响，基于此对我国环境的绿色国际竞争力的提升机制进行系统梳理，并分析了各行为主体在机制中所处的地位和所扮演的角色，为产业国际竞争力的提高给出切实的解决途径[166]；赵红（2007）认为实施环境规制的积极作用不能弥补因成本上升出现的产业绩效下降，因此造成国内环境规制对技术进步的促进作用不显著[167]；董敏杰等（2011a，2011b）通过严格的实证检验，认为环境规制对产业国际竞争力的影响十分有限，没有必要过分担忧环境规制会削弱中国产品国际竞争力，应该积极推行环境保护政策[168][169]。

二是从省际区域层面，王文军和石光军（2007）以重庆为例，认为研究环境保护的影响，应该将政策实施的时滞性也纳入考虑，由于环境保护政策效果有一定时间滞后性，提高环境规制不一定会马上引起产品出口量的下滑；许冬兰和董博（2009）将全国分为东、中、西三大区域来研究，认为东部地区环境规制降低了技术效率并增加了生产成本，所受影响最大，西部地区受到影响最小，这很有可能引起污染由东向西转移[170]；张文彬等（2010）认为我国环境规制存在明显的地区差异，这是由于省际间不良竞争所导致的，在探究环境规制所引起的贸易比较优势状况时，必须要注意到环境规制力度的区域差异化，同时，应将显示区域特征的其他因素如自然资源、人力资本、经济发展水平等纳入综合考虑[171]；苏桧芳等（2011）运用面板模型，通过考察对外贸易、FDI与环境规制间的相互关系，发现三大区域同全国的分析结果一致，环境规制对贸易产生负面影响，其中东、西区域的影响程度略小于中部地区[172]；赵霄伟（2014）认为环境规制对工业经济增长的影响效应表现出明显的区域性，东部为正、中部为负、而西部地区的增长效应则不显著，地区经济发展所处的阶段等因素起了潜移默化的影响，这个结论既为在共同环境制度框架下构筑差别化环境政策提供了理论参考依据[173]。

基于以上研究文献对环境规制所引起的产业竞争力的变动结果，环境规制对产业竞争力的影响有负效应、正效应、没有显著效应三种结果，基于此，本书就环境规制与西部地区资源型产业竞争力的影响关系，提出以下三种假设：

假设一，环境规制对西部地区资源型产业竞争力产生消极效应，即环境规制越高，西部地区资源型产业竞争力越弱；反之，环境规制越弱，产业竞争力就越强。

假设二，环境规制对西部地区资源型产业竞争力产生积极效应，即环境规制越高，西部地区资源型产业竞争力越强；反之，若环境规制越低，产业竞争力也跟着降低。

假设三，环境规制对西部地区资源型产业竞争力没有产生显著效应，即环境规制的高低与否，不会对西部地区资源型产业竞争力产生任何影响。

本书选取1998～2012年的省际面板数据，就环境规制下的西部地区资源型产业竞争力的影响变化作详细研究和观察，并对以上三个不同假设进行检验，以期待找出两者之间的内在规律，为实现环境保护和西部地区资源型产业协调发展提供现实依据。

5.2 模型设定和数据说明

5.2.1 模型设定

由于本书主要侧重于考察环境规制与区域产业竞争力的相互关系，首先借鉴傅京燕等（2010）构建的多元回归模型[174]，主要研究环境规制对产业比较优势的影响，在借鉴已有模型的基础上，并结合前文的理论分析，寻找出影响产业竞争力的基本因素，本书使用1998～2012年西部地区十一个省区市资源型产业构建的面板数据模型如下。

$$RIC_{it} = \alpha + \beta_1 ERS_{it} + \beta_2 ERS_{it}^2 + \beta_3 DIC_{it} + \beta_4 PER_{it} + \beta_5 \ln ASS_{it} + \beta_6 \ln FDI_{it} + \beta_7 \ln RD_{it} + \beta_8 MAR_{it} + \gamma_{it} + \varepsilon_{it} \quad (5.1)$$

其中，被解释变量 *RIC* 为产业竞争力指标，ERS_{it}^2 表示环境规制的二次项，用来反映环境规制对产业竞争力的影响可能存在不确定影响状况，*DIC* 代表产业集聚度，*PER* 代表劳动投入，*ASS* 代表固定资产投资，*FDI* 代表外商直接投资，*RD* 代表研发投入，*MAR* 代表市场化程度，*it*（$i=1, 2, \cdots, 11$；$t=1, 2, \cdots, 15$）代表某一地区的特定年份，α、β_1、β_2、β_3、β_4、β_5、β_6、β_7、β_8 为待估参数，γ_{it} 表示存在个体效应，即时间不变的行业整体效应，ε_{it} 表示随机误差项。在不影响变量之间统计关系的情况下，对 *ASS*、*FDI*、*RD* 三个变量作了取对数处理。

5.2.2 指标选取和数据说明

针对前文理论研究的梳理，本文认为影响区域产业竞争力 RIC（regional industry competitiveness）的主要因素，包括环境规制、外商直接投资、固定资本投入、劳动投入、产业集聚度、研发水平、市场化程度七个解释变量（见表5－1）。

表5－1　　指标的经济意义和定性说明

序号	指标	单位	经济意义	指标说明	预期符号
1	*RIC*	%	产业竞争力的市场表现	用五个单项效率项指标来构造区域产业竞争力综合指标	+
2	*ERS*		环境规制综合指数全面反映区域环境污染和治理程度	由3个评价指标层和5个单项指标共同构成的综合指标	不确定
3	*RD*	万元	企业的研发和创新能力	按行业分规模以上工业企业研究与试验（R & D）经费万元	+

续表

序号	指标	单位	经济意义	指标说明	预期符号
4	*DIC*		产值区位熵代表产业聚集反映不同区域的产业聚集状况	特定产业产值占本地区全部工业总产值的比重与特定产业产值占全国工业总产值比重相比	+
5	*PER*	万人	产业规模壮大的动态变化	规模以上工业企业从业人员	-
6	*ASS*	万元	固定资产投资	固定资产净值年平均余额	+
7	*FDI*	万元	外商直接投资代表开放程度和吸引外资的能力	按行业分外商当年直接投资	+
8	*MAR*		市场开放程度和非公有制经济的比重	分行业非公有制工业总产值占全行业工业总产值	+

（1）环境规制（ERS）。选取了分行业工业废水排放达标率，二氧化硫、烟尘、粉尘去除率以及固体废物综合利用率共五个单项指标，用最后标准化处理得到的单一制指标（具体计算部分见第4章）来衡量各行业的环境污染状况和治理程度。

（2）外商直接投资（FDI）。随着中国经济开放水平的提高和招商引资规模的扩大，区域经济发展不再单纯局限于本国或本土内部，而是与外界产生了密切的联系，区域经济的发展需要依靠整合国内国际的各种资源和优势，形成优势互补达到提升企业竞争能力的目的，而外资的进入有助于提高本土企业自身研发和创新能力，因此外资已成为我国企业发展的重要组成部分。由于对外贸易和外商直接投资是衡量地区对外开放程度的重要指标，但考虑分行业对外贸易数据的缺失，只能选择用分行业外商实际直接投资额作为对外开放程度的替代指标。由于各省统计口径存在不一致，如陕西、新疆等地采用的是来自外国和中国港澳台地区的直接投资指标，并且为消除变量量纲的不一致性，故对指标进行了对数化处理。数据均来源于1999～2013年各省统计年鉴，并用历年的平均人民币汇率将万美元表示的实际投资额换算为人民币万元，剔除通货膨胀因素对数据的干扰，通过价格指数换算为2005年为基期的可比价格，从而提高数据整体估计的准确性和可信度。

（3）资本投入（ASS）。通常采用永续盘存法对物质资本存量进行估算，但计算过程中的折旧率和初期资本存量难以统一界定，使得计算出的资本存量差异较大，为防止数据在处理环节出现偏差和失真，本书采用徐敏燕（2013）的方法[175]，采用固定资产净值年平均余额作为资本存量的近似估计，选取分行业规模以上工业企业固定资产净值年平均余额来替代资本存量，并用分行业固定资产投资价格指数折算成以2005年为基期的不变价，但年鉴中得到的各行业固定资产价格指数数据均是以上年为基期的环比数据，为保持数据的可比性，首先要调整为以2005年为基期的价格指数。数据来源于1999～2013年各省统计年鉴，个别缺失年份数据以该年末固定资产净值和上年末固定资产净值的平均值作为补充。

（4）劳动投入（PER）。通常资源型产业也是劳动密集型产业，劳动投入作为一个重要考察指标，选择分行业规模以上工业企业从业人员年平均人数来衡量。相关数据来源于各省统计年鉴，中间有缺失年份的数据采用插值法补齐。

（5）产业集聚度（DIC）。区位熵表示某一地区产业的集聚程度，能较客观地反映不同区域的产业集聚状况，产值区位熵越接近1或大于1，表示产业集聚度较高，在全国具有比较优势；小于1，则表示产业集聚度较低，在全国不具有比较优势（具体数据计算请参看第3章内容）。

（6）研发支出（R&D）。用来反映行业科技活动和技术研发水平。研发和创新象征了企业的竞争能力，成功的研发可通过提高企业的经济效率来提高企业的竞争力。由于指标获取有难度和各省统计口径不一致，本书采用大中型工业企业R&D活动经费支出，个别省份为规模以上工业企业科技活动R&D经费内部支出。研发投入经费成为衡量技术创新能力的替代指标，即研发投入资金越多，表示企业的技术创新能力越强。

（7）市场化程度（MAR）。在借鉴国外已有研究时，要注意紧密结合中国国情的特殊性，主要体现在经济体制的差别。市场化程度能反映市场机制在经济活动中所发挥的作用，市场机制作用的发挥取决于非国有经济成分的大小，非国有经济成分占比越高，说明市场作用发挥的越充分，反之则说明市场没有起到资源配置的基础性作用，一定程度上也反映出我国资源型产业产权制度的变迁。考虑到数据的可获得性，本文参考王小鲁（2009）的方法，用行业非国有经济的产值占全部行业工业产值比重来衡量市场化程度，若国有企业产出占比越高说明行业受政府保护程度越高，可能导致行业的地区分割严重。由于大多数省的统计年鉴没有统计非公有制经济的工业产值，因此，用1－（分行业国有经济工业产值/分行业全部工业产值）来得到非公有经济的比重，数据皆来源于各省统计年鉴。

5.3 模型估计

1. 面板数据的单位根检验

由于面板数据与时间序列数据一样也存在非平稳性问题，容易造成伪回归，因此，有必要进行单位根检验，使用 EViews 6.0 提供的 ADF 检验方法，对 *RIC*、*ERS*、*DIC*、*PER*、*MAR*、ln*RD*、ln*ASS*、ln*FDI* 对相关变量进行检验，最终检验结果显示不存在单位根，序列均平稳，排除回归产生伪回归的情况。

2. 面板模型类型选择及回归

面板数据模型有三种类型：不含个体影响的不变系数模型、含个体影响的变截距模型，含个体影响的变系数模型。选择哪种形式需作进一步检验，具体步骤如下：

假设Ⅰ：$H_1: b_1 = b_2 = \cdots = b_T$

假设Ⅱ：$H_2: r_1 = r_2 = \cdots = r_T, b_1 = b_2 = \cdots = b_T$

分别计算变系数模型、变截距模型、混合回归模型的残差平方和 S_1 、S_2 、S_3 ，在假设 H_2 下，检验统计量：

$$F_2 = \frac{(S_3 - S_1)/[(T-I)(k+1)]}{S_1/[NT - T(k+1)]} \sim F[(T-1)(k+1), T(N-K-1)] \tag{5.2}$$

同样假设 H_1 下，检验统计量：

$$F_1 = \frac{(S_2 - S_1)/[(T-I)k]}{S_1/[NT - T(k+1)]} \sim F[(T-1)k, T(N-K-1)] \tag{5.3}$$

当 $F_2 < F_a$ ，F_a 为显著性水平下的临界值，则接受假设Ⅱ，模型为混合数据模型；否则，当 $F_2 > F_a$ ，则拒绝假设Ⅱ，继续检验 H_1。

当 $F_1 < F_a$ ，则接受假设Ⅰ，模型为变截距模型；否则，当 $F_1 > F_a$ ，则拒绝假设Ⅰ，模型为变系数模型。

Hausman 检验可以对模型的类型进行选择，固定效应模型（FE）或者随机效应模型（RAN），通常情况下，随机效应的模型效果优于固定效应，本书采用 Eviews 6.0 分析软件进行 OLS 回归估计，回归结果如表 5－2 所示。

表 5－2　　分省域环境规制与产业竞争力的回归结果

解释变量	广西	重庆	新疆	贵州	陕西	云南
C	8.267 5***	46.152 3***	32.028 2***	4.516 9	2.827 6	35.982 4***
	−2.402 6	−5.954 4	−3.554 1	−1.263 5	−0.315 5	−3.246 7
ERS	−1.254 4***	−1.066 4*	−2.658**	5.909 7***	2.032 2**	5.433 4***
	(−2.468 9)	(−1.659 9)	(−2.069 8)	−5.367 2	−2.290 7	−3.918 9
ERS^2	0.086 2	0.07	0.353 5**	−0.413 7***	−0.144 0**	
	−0.567 1	−0.863 9	−2.556 7	(−4.655 2)	(−2.254 2)	
DIC	1.065 1	−0.165 3	−2.272 5**	3.359 5***	6.039 8***	1.254 7
	−1.497 1	(−0.073 95)	(−2.298 9)	−3.037 3	−7.785 6	−1.542 9

续表

解释变量	广西	重庆	新疆	贵州	陕西	云南
PER	-1.537 8***	0.551 6	0.001 3	-0.488 5*	-1.344 3***	-1.950 5***
	(-4.655 5)	-1.242	-0.027 4	(-1.756 3)	(-3.218 1)	(-3.091 8)
ln (*ASS*)	3.471 2***	0.953 7	1.421 8**	1.597 1***	2.314 9***	0.711 4
	-7.226 9	-1.157 5	-2.161 6	-4.069 1	-2.655 6	-0.816 9
ln (*RD*)	-0.965 1**	-1.215 1**	1.313 0***	-0.287 8	-0.944 1	-2.240 0*
	(-2.367 9)	(-2.449 0)	-3.702 7	(-0.725 7)	(-1.555 6)	(-1.919 1)
ln (*FDI*)	1.926 2**	-1.267 9	1.872 0***	-1.985 9***	-0.044 5	2.211 3**
	-2.107 5	(-0.990 7)	-2.574 4	(-3.673 0)	(-0.078 6)	-2.199 3
MAR	3.117 6	-9.019 1**	-14.499 9***	8.813 0*	-5.397 7	4.345 1
	-0.840 3	(-2.208 3)	(-3.346 1)	(-2.139 4)	(-1.191 3)	-0.736 4
Hausman 值	0.196 6	0.481 2	0.034	0.718	0.532 7	0.000 1
模型设定	RAN	RAN	FE	RAN	RAN	FE
F 统计值	26.907 3	12.618 2	19.325 4	16.324 3	14.702 5	2.703 6
R^2	0.501 8	0.278 7	0.517 3	0.412 5	0.388 7	0.226 9
D-W 值	1.996 5	1.900 5	2.117 9	1.903 7	2.299	2.151

解释变量	青海	宁夏	内蒙古	四川	甘肃	
C	5.976 8*	13.627 5***	-0.545 2	46.605 4***	-3.993 8	
	-1.887 3	-4.848 2	(-0.079 1)	-5.888 5	(-0.514 5)	
ERS	6.551 0***	1.231 4***	-0.016 7	-1.184 7	-0.545 2	
	-4.473	-2.633 6	(-0.049 9)	(-0.797 9)	(-0.791 7)	
ERS^2	-0.308 9**			0.033 7		
	(-2.306 1)			-0.226 6		
DIC	0.590 9	2.424 1*	2.693 5**	-0.185 6	4.151 0***	
	-1.586 2	-1.789 4	-1.952 7	(-0.082 5)	-4.985	
PER	3.044 7	-0.390 8	-1.784 2***	0.575 2	-1.641 7***	
	-1.374 9	(-0.334 9)	(-4.476 7)	-1.278 1	(-4.351 3)	
ln (*ASS*)	1.954 9***	-1.017 1	2.228 2**	0.980 1	3.925 1***	
	-3.849 9	(-1.159 0)	-2.045 4	-1.180 3	-5.115 6	
ln (*RD*)	-0.719 1	3.485 8**	3.292 1*	-1.221 1**	-0.965 2**	
	(-1.424 6)	-2.456 8	-1.782 6	(-2.442 2)	(-2.239 5)	
ln (*FDI*)	-0.60 3	-0.52 5	-2.687 8***	-1.340 7	-1.766 0***	
	(-1.208 5)	(-0.272 4)	(-2.625 6)	(-1.025 9)	(-2.753 0)	
MAR	12.518 3***	2.8783	4.457 8	-9.134 1**	-12.526 8	
	-3.410 5	-0.724 4	-1.053 5	(-2.219 1)	(-1.473 5)	
Hausman 值	0.002 1	0.001 5	0.002 9	0.215 7	0.005	
模型设定	FE	FE	FE	RA	FE	
F 统计值	30.463 8	11.416 8	9.000 9	12.326 9	6.827 6	
R^2	0.567 2	0.301 7	0.494 2	0.391	0.428 5	
D-W 值	1.571 5	1.635	2.037	1.908 4	2.097 1	

注：分析软件为 EViews 6.0，回归系数括号内的数为 t（z）值；***、**、* 分别表示 1%、5%、10% 水平上显著；FE 和 RAN 分别代表固定效应和随机效应最小二乘法估计。

5.4 实证结果讨论

面板回归结果显示，环境规制对产业竞争力的影响确实存在三种不用的结果，分别出现了负效应、正效应、没有显著效应，与前面的假设命题相吻合。其中，负效应的地区有广西、重庆和新疆三省；正效应的地区有贵州、陕西、云南、青海、宁夏五个省或自治区；不存在显著效应的有内蒙古、甘肃、四川。本章的回归结果内容较多，为了进一步清晰地掌握实证结果，按照三种不同的影响关系进行分类，先从分区域的角度对回归指标进行分析讨论，然后按照主要指标将各区域的回归结果进行整合讨论。

5.4.1 分区域结果讨论

（一）环境规制对产业竞争力的负效应

环境规制对西部地区资源型产业竞争力产生负效应的地区主要有广西、重庆和新疆三省。

1. 广西

（1）*ERS* 环境规制对产业竞争力的影响显著为负，表明环境规制是影响广西资源型产业竞争力的重要指标，若环境规制每上升 1%，产业竞争力就相应降低 1.254 4%，且在 1% 水平上显著，企业在面临严格的环境规制时，势必要增加控制污染排放的治理支出，或者提高治理技术，而这些都将导致企业的成本费用增加，削减了企业利润率，降低了企业竞争力。

（2）ERS^2 环境规制二次项的结果显示与产业竞争力呈现正相关，说明广西环境规制与产业竞争力呈“U”型关系，表明在拐点之前，环境规制与产业竞争力负相关，环境规制水平越低产业竞争力越强，越有利于资源型产业的发展，而在拐点之后，环境规制与产业竞争力正相关，环境规制水平较高代表产业竞争力水平越高，出现这种结果主要是由我国目前工业化发展的特定阶段造成的。广西资源型产业发展仍以能源矿产等自然资源的开采和初级加工为支柱产业，资源利用效率和产品附加价值低，环境污染较为严重，环境规制的加强使得这些资源型产业发展的成本上升，降低了产业的竞争力，随着工业化进一步发展，资源型产业采用更先进的技术，并逐渐从产业链的加工环节转移为研发或者销售环节，环境规制的加强将更有利于产业竞争力的形成，从而验证了“波特假说”的成立。但这一变化在检验上暂时不显著，说明广西地区在迎接环境规制与产业竞争力“U”型曲线拐点的到来，需要在产业的发展方面投入的努力还很多。

（3）*DIC* 表明产业集聚度与产业竞争力呈正相关关系，产业集聚度每上升1%，产业竞争力将提高 1.065 1%，也就是说，产业的专业化、规模化程度越高将越有利于提高产业的整体竞争力，但是目前广西的资源型产业专业化、规模化、技术化程度较低，导致产业链短、集聚程度不高，大多数企业仍从事产业链的低增值环节，这也是区位熵在检验结果上表现出不显著的原因所在。

（4）*PER* 反映出劳动力投入与产业竞争力呈反向变动关系，且在 1% 水平下显著，即劳动力投入每增加 1%，产业竞争力就会下降 1.537 8%，似乎与常理相背离，一方面是由于这里的劳动投入要素指标仅仅是单纯的劳动力人数投入指标，并不代表人力资本，而人力资本才是产业竞争力的源泉，因此劳动力投入只能在一定程度上反映产业规模的扩大，并不能反映产业的人力资本和产业竞争力的增强；另一方面作为生产要素之一，若劳动投入越多，则会挤占对物质资本或固定资产的投入，从而导致产业竞争力的下降。

（5）*ASS* 固定资本投入与产业竞争力在 1% 的显著性水平上正相关，且系数较高，即固定资本投入每增加 1%，产业竞争力就会提高 3.471 2%，显而易见增加固定资本投入能提高企业的生产能力，实现边际成本递减，规模收益递增，也有助于改善产品质量和结构，增强市场影响力和产业竞争力。

（6）*RD* 研发经费支出对产业竞争力的影响为负，这与预期符号不一致，且在 5% 的水平上显著，即研发支出每增加 1%，产业竞争力下降 0.965 1%，系数稍微偏小，究其原因在于目前行业的研发环节比较薄弱，很少直接转化成企业生产力，对于现阶段广西地区的资源型产业来说，科技研发还不足以支撑产业竞争力的形成。

（7）*FDI* 外商直接投资对产业竞争力影响为正，且在 5% 的水平上 FDI 系数均显著为正，即 *FDI* 每增加 1%，产业竞争力上升 1.926 2%，主要是由于引进外资和先进的技术有助于资源型产业的技术创新，同时外资的引进会产生示范效应和竞争效应等技术溢出效应，从而带动促进东道国家或地区的技术提高（李晓钟、张小蒂，2008）[176]。此外，随着环境规制的提高，外资引进政策和方向也会跟着调整，污染密集型外资企业的将被严格限制进入，而资本密集型和技术密集型企业将加大引进力度，这在很大程度上成为改善当地产业结构的主导力量，推动本土企业的转型升级，最终转化为产业竞争力。

（8）*MAR* 市场化程度越高，表明产业发展状况越好，但模型检验不显著，意味着广西的市场化水平不能反映产业竞争力的状况，至少目前还不明显。

2. 重庆

（1）*ERS* 环境规制与产业竞争力表现出反向变动关系，即环境规制每提高 1%，产业竞争力就降低 1.066 4%，并只在 10% 的水平上通过显著性检验，表明重庆的环境规制虽与产业竞争力负相关，但影响较弱。

（2）ERS^2 环境规制二次项的结果显示与产业竞争力也呈正相关性，说明重庆环境规制与产业竞争力呈“U”型关系，拐点成为环境规制与产业竞争力关系的分水岭，但系数较小仅为 0.07 左右且没有通过显著性检验，环境规制对产业竞争力的影响几乎可以忽略，同时也说明环境规制可能成为重庆资源型产业竞争力发展的阻力而非动力；其余变量也没有通过检验，影响不显著。

（3）*RD* 研发经费支出对产业竞争力的影响同样为负，与预期符号不一致，且在 5% 的水平上显著，即研发支出每增加 1%，产业竞争力下降 1.215 1%，原因在于资源型行业的研发环节仍然薄弱，直接导致科技研发不足以支撑产业竞争力的形成。

（4）*MAR* 市场化程度与产业竞争力呈负相关，即市场化程度每上升 1%，产业竞争力将下降 9.019 1%，且在 5% 的水平上显著，这与预期状况相反，主要是由于资源型产业的特殊性决定的。充分竞争的市场状态并不完全适合资源型产业的发展，可能会产生负面竞争效应，由于资源型产业的进入门槛较低，导致进入的厂商过多形成对资源的过度开采和无序竞争，使得国内市场供需失衡，难以实现市场对资源的有效配置。资源型产业要实现健康可持续发展，需要形成到一定程度的规模经营，但过度垄断也会对产业发展产生抑制作用，合理的产业生产组织方式既能保证规模效应又能营造产业的竞争活力，有利于形成具有规模优势的重点产业。

3. 新疆

（1）*ERS* 环境规制与产业竞争力在 5% 的水平上显著为负，系数为 2.658 0，表示环境规制每提高一个百分点，产业竞争力则下降 2.658 0 个百分点，说明环境规制依然会增加企业的成本，降低产业竞争力水平。

（2）ERS^2 环境规制二次项与产业竞争力呈正相关，说明环境规制与产业竞争力呈经典的“U”型轨迹，拐点之前，环境规制越高越不利于产业竞争力发展，在经历拐点之后环境规制每上升 1%，产业竞争力将提高 0.353 5%，系数虽偏小，但有力地证实了“波特假说”的成立，环境规制越高越有利于产业竞争力的形成。

（3）*DIC* 产业集聚度与产业竞争力在 5% 水平上显著负相关，产业集聚度每上升 1%，产业竞争力则降低 2.272 5%，结果与预期不相吻合，这是因为资源型产业主要依赖于自然资源分布在偏远地区形成集聚，对资源的过分依赖会形成路径依赖和发展惯性，难以促使产业专业化、规模化生产的提高，极大地限制了产业链的延伸，且集聚地距离中心市场较远，运输成本过高，一定程度上削弱了资源的产业竞争力。此外，新疆受土地广袤和水资源的制约，绿洲面积小而散，依此形成的产业集群也相对较为分散，加大了区域集聚水平提高的难度。

（4）PER 劳动力投入与产业竞争力呈正向变动关系，但没有通过检验，表明目前劳动力投入没有对产业竞争力造成任何影响，不能反映产业竞争力的强弱。

（5）ASS 固定资本投入与产业竞争力在 5% 的显著水平上正相关，即固定资本投入每增加 1%，产业竞争力就会提高 1.421 8%，这与大多数的研究结论相同，固定资本投入能提高企业的生产能力，增强市场影响力和产业竞争力。

（6）RD 研发经费支出对产业竞争力的影响为正，与预期符号相吻合，且 1% 的水平上显著，即研发支出每增加 1%，产业竞争力上升 1.313 0%，科技研发成为推动产业竞争力增长的重要力量，这一点与之前各省得出的结论相反，仔细分析发现新疆主要是以石油、天然气、煤炭等资源开采和初级加工为支柱产业，引致了对勘探、开采等机械和运输设备的研发制造需求，无形中带动了新疆专用机械设备制造业的发展，同时也带动了石油、天然气等精细化工业，以及煤化工等产业的快速拓展，产业关联效应为研发提供了充分发挥的空间，而科技投入又进一步提升了资源产品的附加值和技术含量，工业整体的经济效益和产业竞争力也得到有效提高。

（7）FDI 外商直接投资对产业竞争力影响为正，且在 1% 的水平上 FDI 系数均显著为正，即 FDI 每增加 1%，产业竞争力上升 1.872 0%，由于新疆自然条件非常艰苦、生态环境脆弱的特点，经济发展受到限制，工业发展主要依赖于重化工产业，对资金的需求显得尤为迫切和重要，这就可能为盲目招商引资埋下隐患，使得一些已被淘汰产业落户新疆。

（8）MAR 市场化程度与产业竞争力在 1% 水平上显著呈负相关，即市场化程度每上升 1%，产业竞争力将下降 14.499 9%，系数较大，出现这一结论主要是受资源型产业自身特性的影响，新疆的石油、天然气、煤炭这三大支柱产业的特点决定了只有实行规模化经营，才能降低成本提高产业比较优势和集聚化水平。

（二）环境规制对产业竞争力的正效应

环境规制对西部地区资源型产业竞争力产生正向积极效应的地区有贵州、陕西、云南、青海、宁夏五个省或自治区。

1. 贵州

（1）ERS 环境规制与产业竞争力在 1% 的水平上显著正相关，表示环境规制每增加一个百分点，产业竞争力也跟着增加 5.909 7 个百分点，系数较大显示影响关系更强，环境规制越高意味着企业的环保任务更加艰巨，迫使企业必须从社会整体角度考虑企业投入—产出的关系，环保成为彰显企业社会责任的核心内容，而“绿色”也将成为极具吸引力的品牌因素，很大程度上影响消费者的购买决策，因此，达到环境规制标准越高的企业，其“绿色”标志也越显著，无形中会让企业脱颖而出，帮助企业在市场竞争中占据有利地位，转化为企业的竞争优势，所以环境规制对产业竞争力产生了积极影响。

（2）ERS^2环境规制二次项与产业竞争力负相关，说明贵州在当前环境规制下已经达到了“U”型曲线的右半段，即随着政府加强环境管制力度，资源型产业竞争力也呈增强趋势，但未来环境规制的强度超过一定水平后，环境规制不仅没有促进产业竞争力的提高，反而会导致产业竞争力水平的下滑。企业发展过程中需要一定的环境规制来促使产业改善经济效益，刺激企业进行技术革新，但过高的环境规制会使得企业不堪重负，反而造成企业背负沉重的治理成本，丧失前进的动力。环境规制的二次项显示环境规制每增加 1%，产业竞争力将下降 0.413 7%，这种影响关系目前比较微弱，但通过 1% 的显著性检验足以看出环境规制强弱对产业竞争力所造成影响不同，因此，环境规制的制定要适宜而不能超越产业竞争力的发展。

（3）DIC 产业集聚度与产业竞争力在 1% 水平上显著正相关，产业集聚度每上升 1%，产业竞争力就增加 3.359 5%。贵州在发展矿产资源开发和初级产品加工的基础上，形成了煤炭、化工、冶金、有色金属、电力产业五大资源型经济，并且根据本省的基础条件和发展潜力，建立适合资源型经济发展方式转型的工业园区，通过重点区域的园区产业集群有效促进产业集聚，营造产业专业化和竞争活力，产业集聚度越高越有助于产业竞争力的提高。

（4）PER 劳动力投入与产业竞争力成反向变动关系，并且仅在 10% 水平上通过显著性检验。资源型产业也是劳动密集型产业，在发展初期需要大量的劳动力投入，这些简单劳动力的投入并没有形成资源型产业发展的劳动力资本，因为人力资本的形成取决于劳动者的素质，最终导致资源型产业难以形成自身的竞争力。

（5）ASS 固定资本投入与产业竞争力在 1% 的显著水平上正相关，即固定资本投入每增加 1%，产业竞争力就会提高 1. 597 1%。这是由于资源型产业也属于资本密集型产业，需要投入前期勘查、厂房建设、生产和运输等各个生产阶段，对资金需求量较大且投资回收周期较长，固定资本投入成为产业生存发展的重中之重。

（6）RD 研发经费支出对产业竞争力的影响依然为负，不符合预期符号，也没有通过显著性检验。由于贵州缺乏具备竞争性研发能力的大学和科研机构，很难产生原创性的技术成果，且研发技术成果必须要与贵州资源发展现状相结合，否则无法实现生产力的最大化。此外，拥有自有研发机构的大型资源型企业较少，造成生产和科研相脱节，对产业竞争力的提升没有起到应有的作用。

（7）FDI 外商直接投资对产业竞争力影响为负，即 FDI 每增加 1%，产业竞争力下降 1. 985 9%，同样为吸引外资，但招商引资的质量和方向直接影响引资的结果，对外资重数量轻效益的做法导致引资适得其反。

（8）MAR 市场化程度与产业竞争力在 10% 水平上显著正相关，即市场化程度每上升 1%，产业竞争力将上升 8. 813 0%。系数较大显示出市场化对产业竞争力的带动作用非常明显。对国有资源型企业的产权制度改革有利于优化产业结构，有利于国有企业改革，更有利于形成具有竞争力的资源型产业集群，增强贵州省的区域竞争力。

2. 陕西

（1）ERS 环境规制与产业竞争力在 5% 的水平上显著正相关，弹性系数为 2. 032 2，环境规制对产业竞争力的影响力强；ERS^2 环境规制二次项与产业竞争力负相关，弹性系数值降到了 0. 144 0，仍然在 5% 的水平上显著，说明环境规制强弱与产业竞争力有紧密关系但呈现出不规律变化。

（2）DIC 产业集聚度与产业竞争力在 1% 水平上显著正相关，产业集聚度每上升 1%，产业竞争力就跟着增加 6. 039 8%，区位熵对产业竞争力的贡献率明显高于其他各省，已显示出陕西省的资源型产业集聚水平较高，交通等基础配套设施的完善，降低了产业的运输成本，便于企业集中生产发展。

（3）RD 研发经费支出、FDI 外商直接投资、MAR 市场化程度对产业竞争力的影响均为负，与预期符号不相符，均没有通过 10% 的显著性检验。其中就 RD 经费支出而言，陕西作为西部地区中唯一的科技强省，其科技综合实力和丰裕的人力资本均位于全国前列，RD 经费支出更是高于东部发达地区的科技投入强度，但造成科技投入与科技产出不一致的原因在于，陕西科技投入主要用于国防和军工科技事业，针对为当地经济发展和企业服务的科技研发较少，加之军工科技难以转化为民用和产业化发展，造成科研和生产相脱节，科技投入并未对经济发展起到助推作用，从而对产业竞争力的带动作用非常有限，科技实力与产业竞争力形成鲜明的反差。

3. 云南

ERS 环境规制与产业竞争力在1%的水平上显著正相关，表示环境规制每增加一个百分点，产业竞争力也跟着增加5.433 4个百分点。这主要得益于云南省资源型工业科技近年来取得的进步，通过技术引进和创新，加强了采选冶炼加工等各环节的节能减排力度，不仅取得了技术上的显著进步，同时大大提高了企业的工业效率，降低了能耗水平和污染。ERS^2环境规制二次项、劳动力投入、研发经费支出均与产业竞争力负相关，与贵州省的情况相似，云南资源型工业大型企业的科技投入不断加大，虽取得了一定成绩，但仍存在诸多问题。究其原因是云南资源型工业企业虽与国内相关院校和部门展开合作，由于资源型工业的特殊性，企业所需技术难度大、周期长，并且对实践经验的要求相当高，单凭高校和研究机构难以形成研究成果，造成了供需不匹配，且大多技术由于涉及企业核心利益，在实际中很难推广，造成科研技术与产业竞争力衔接不上的局面；FDI 外商直接投资对产业竞争力影响为正，即 FDI 每增加1%，产业竞争力则增加2.211 3%，云南资源型产业发展的技术瓶颈需要引进国外先进的技术和管理经验，搭建一个更高的国际平台。

4. 青海

ERS 环境规制与产业竞争力在1%的水平上显著正相关，表示环境规制每增加一个百分点，产业竞争力跟着增加6.551 0个百分点，系数较其他各省偏大显示出影响关系更强，ERS^2环境规制二次项与产业竞争力负相关，环境规制过高则造成企业的环境治理投入过高，挤压了企业的生产和研发投入，阻碍产业竞争力的提高；DIC 产业集聚度对产业竞争力影响不显著，且系数偏小，青海省的资源型产业集聚水平较低，没有对产业竞争力产生积极影响；ASS 固定资本投入与产业竞争力在1%的显著水平上正相关，即固定资本投入每增加1%，产业竞争力就会提高1.954 9%，青海省由于地方财政力量薄弱，难以有大量的资金来支持资源型产业发展，资金投入不足影响到企业无法更新设备，无法筹集专项资金攻克技术难题，并最终导致了青海省资源型产业发展缓慢，成为困扰青海省资源型产业竞争力提高的瓶颈；MAR 市场化程度与产业竞争力在1%水平上显著呈正相关，即市场化程度每上升1%，产业竞争力将上升

12.518 3%，系数相比其他省份带动作用更加强劲，市场化程度成为影响青海产业竞争力的有利因素，其他指标不显著。

（三）环境规制对产业竞争力没有显著影响

环境规制对西部地区资源型产业竞争力没有产生显著影响的地区有内蒙古、四川、甘肃三省区，但这并不代表这些区域不存在环境问题，同西部其他省区一样，资源型产业发展依然存在高能耗，高污染、低效率、低产出的发展共性问题，只是目前还没有足够的证据显示环境规制对产业竞争力造成影响。

5.4.2 主要指标结果讨论

1. ERS 环境规制对产业竞争力有显著影响

环境规制对资源型产业竞争力产生负向效应的有广西、重庆、新疆三个地区，弹性系数较低为 0 ~ 2，而产生正向效应的有贵州、陕西、云南、青海、宁夏等五个地区，其弹性系数较高，其中，贵州为 5.909 7，云南为 5.433 4，青海为 6.551 0，说明正效应的影响强度要远大于负效应的作用，尽管环境规制对产业竞争力的正相关影响还没有在西部所有区域显示，但足以证明环境规制对西部地区资源型产业竞争力确实存在较大的影响，而且呈现出地区差异化。西部地区属于欠发达地区，为了提高地区经济实力，各地区采取了不同程度的环境执行标准，以维持产业的竞争优势，这就使得相同类型的资源型产业竞争力出现明显的地区差异化，加之整体环境规制水平不高，西部地区人力资本、技术及研发水平的局限，导致环境规制对产业竞争力的促进作用非常有限，西部地区还没有达到环境规制与资源型产业双赢的发展态势。因此，目前单纯依靠环境规制手段，来促使企业进行技术更新在西部地区还不能完全实现。应该将提高环境规制水平与地区的人力资本、技术水平等相结合，引导环境规制成为促进产业竞争力提高的良性因子。

2. DIC 产业集聚度对产业竞争力的总体影响不显著

资源型产业集聚度对资源型产业竞争力有促进作用的是贵州、陕西、宁夏、内蒙古、甘肃等五个省份，影响系数在 2 ~ 6，而新疆的产业集聚度对资源型产业竞争力却起到了削弱作用，其弹性系数仅为 2.272 5，可见产业集聚对区域的影响主要是积极的，但由于西部地区的产业集聚水平偏低，使得整体的产业竞争力无法提高。这是由于一方面西部地区的产业集聚水平仍然停留在扎堆现象的阶段，产业之间的有机结合并不是很紧密，产业集聚没有形成整体的规模效应，对产业竞争力的提升能力非常有限；另一方面，环境规制使进出行业的门槛提高，减少了行业内企业的数量，造成一部分企业向其他环境规制水平更低的地区迁移，降低了产业集聚的规模，对产业竞争力造成了损伤。尽管以上五个地区的产业集聚明显促进产业竞争力，但这不足以弥补环境规制对产业集聚度带来的下降，因此造成西部地区产业集聚水平对产业竞争力的总体影响不显著状况。

3. PER 劳动力投入对产业竞争力总体上起到了显著弱化作用

波特提出环境规制正效应的产生，是基于发达国家有较高的人力资本储备，为环境技术创新奠定了坚实的基础，但西部地区的人力资本相当薄弱，这是由于一方面资源型产业对人力资本存在明显的挤出效应，资源型产业对劳动力素质要求门槛较低，很大程度上阻碍了对人力资本的培养和吸纳，长期倾向物质资本忽视人力资本的做法，降低了人力资本的积累，加上本书使用从业人员年平均人数代表劳动投入，没有将劳动者的受教育水平纳入考察范畴，而不同的教育水平对将技术进步产生不同影响；另一方面劳动力对资源型产业形成较强的路径依赖，不愿意打破长期以来从事的简单操作和养成的劳动技能，忽视了对自身教育的投入，人力资源的培养开发严重滞后，无法满足产业研发的需求，不能为未来资源型产业的技术研发提供智力支撑，极大地制约了西部地区资源型产业竞争力的提升和可持续发展的实现，这也是西部地区的环境规制还没有充分形成对产业竞争力倒逼机制的主要原因。

4. ASS 固定资产投入对产业竞争力主要起到促进作用

西部地区固定资产投入对本地产业竞争力有不同程度的推动作用，但宁夏的固定资本投入却对产业竞争力起到了副作用，这就不得不让我们重新审视固定资产投入对产业竞争力的影响。一方面，固定资产投入过度集中于资源型产业，会引致对资源的掠夺式开发和浪费，项目重复建设加剧，由于区域之间的资源型产业存在趋同性，极易引发恶性竞争，产能过剩的局面，致使资源型产品价格下跌，资本进入非但不会提高产业竞争力，反而严重削弱原有的产业竞争力水平。另一方面，环境规制强制企业购置治污环保设备，压缩了企业用于再生产的资本积累，改变了企业原有的投资组合，对生产要素的配置提出了不同的环境保护要求，直接会导致企业生产成本的增加（Xing & Kolstad, 2002）。因此，对于资源型产业而言，资本投入多少并不能直接代表产业竞争力水平的大小。

5. RD 研发对资源型产业竞争力的影响为负

除新疆（1.313 0）、宁夏（3.485 8）、内蒙古（3.292 1）为正面影响，其他各省均为负面影响，负相关的弹性系数较低。显然，正相关弹性系数较强，研发对产业竞争力的带动作用是非常显著的，但整体的研发实力太弱，研发的优势无法发挥出来，这是由于西部地区的科研投入一直处于低层次，科研整体水平不强，尤其是自主研发滞后，没有对产业形成强有力的拉动作用。同时也说明西部地区资源大省可能陷入“资源诅咒”的陷阱[177]。目前，西部地区资源型产业竞争力依然还停留在依靠资源禀赋形成的比较优势阶段，依靠技术创新能力凝聚成企业竞争力优势的阶段还没有到来。

6. FDI 外商直接投资对产业竞争力的影响总体不是很明显

外商直接投资只有广西、新疆、云南三省对产业竞争力有积极作用，其他各省均存在显著或不显著的消极作用，外资的进入状况与区域的开放程度直接相关，这说明总体上来说，FDI 对西部地区的产业竞争力没有太大影响，一方面是西部地区的引资规模和力度相对于东部发达地区来说，非常有限；另一方面，西部地区引进的 FDI 结构有很大关系，引进先进的技术和设备为我所用，则能对产业竞争力起到一定的推动作用，但引进的是高污染、高耗能的产业，外资红利难以弥补环境污染的代价，而且挤压了西部地区原来的产品生存空间和市场份额，降低了产业利润，对产业竞争力造成一定的打击。这必须引起西部地区地方政府未来引资方向和结构的高度注意，倾向于技术、资本密集型、环境友好型产业转移到西部地区落地生根，以引导当地的资源型产业结构调整。

7. MAR 市场化程度对产业竞争力没有显著性影响

重庆（9.091 9）、新疆（14.499 9）、四川（9.134 1）市场化程度对产业竞争力产生负效应，贵州（8.813 0）、青海（12.518 3）的市场化程度对产业竞争力是正效应，其余地区均不显著。可见，市场化指标的弹性系数值是所有指标中最高的，市场化程度对产业竞争力的影响强度超出其他指标的作用，包括人力资本和研发。这就说明了所有制改革对西部地区企业发展的重要意义，但目前西部地区的市场化程度较低，整体市场因素对产业竞争力的影响不是很显著。这是因为，一方面，尽管西部地区逐渐加大了对民营企业发展的支持力度，但不论是总体规模还是竞争力都无法与东部发达地区相比，总体上企业活力不够竞争力低下。国有经济仍旧是西部企业的主体，企业独立应对市场风险的能力严重不足。另一方面，所有结构的束缚也是导致地区环境规制执行结果出现差异的主要因素，国有企业虽然相比民营企业拥有较大的组织结构和资金实力，但缺乏技术创新的激励机制，民营企业主要是以盈利为目的，很少具备环境技术改革的实力，因此，更容易采取消极应对环境规制的方法。如果所有制改革滞后，意味市场激励型环境规制方式就无法在西部地区得到很好的贯彻落实，难以发挥对企业环境技术改革的引导和激励作用。

通过对西部各省环境规制对产业竞争力影响状况的详细分析后得出，尽管不同资源型地区由于所拥有的区位条件、资源禀赋以及产业发展等基础因素的差异，导致工业化发展的具体表现不同，但整体而言，西部地区资源型产业发展面临相同的困境，而且地区间的资源型产业发展出现两极分化的趋势：一方面是依靠技术创新和所有制调整提升了产业水平带动了地区的持续发展；另一方面是无法突破资源环境约束、结构僵化、产业走向衰退。

5.5 本章小结

本章节为能客观地了解西部各省区环境规制对产业竞争力所产生的不同影响，首先根据对相关研究的理论分析，提出环境规制对西部地区资源型产业竞争力影响关系的三种假设。利用 1998 ~ 2012 年 11 个西部地区资源型产业数据，通过构建面板计量经济模型分省域进行实证检验，检验结果表明：

首先，环境规制与西部地区资源型产业竞争力之间正效应、负效应、没有明显效应三种关系并存，进一步证明了二者关系的影响具有普遍性，且局部地区短期内环境规制对产业竞争力产生负效应，在长期内存在向正效应的转变过程，否定了环境规制必然会阻碍产业竞争力的悲观结论，这种不规律的关系一定程度上检验了“波特假说”在西部地区的存在和适用性，符合目前主流的研究成果。

其次，由于受到诸多区域因素的制约，这种“U”型轨迹的总体走向并不十分清晰和鲜明，仅仅出现在广西、重庆、新疆等区域，而其余地区的环境规制与产业竞争力之间不存在拐点，说明西部地区不会成为“污染避难所”。

最后，环境规制对各地资源型产业竞争力所产生的后果大为不同，区域发展水平的差异直接作用于环境规制结果，最终体现在产业竞争力上，因此，对不同区域实行统一的环境规制强度，显然不太符合区域发展的实际情况，这一点值得引起我们的思考。同时，通过对影响产业竞争力其他因素的综合考察，发现环境规制会对产业集聚水平、人力资本水平、固定资本投入、FDI 以及市场化程度等因素间接产生影响。此外，人力资本、技术、资金受到地区封锁和限制严重，不利于资源的优化配置和流通，应逐步加强资源型产业的区域横向联系，防止区域资源型产业两极分化趋势扩散和恶化。

第6章

环境规制对产业竞争力的影响——从行业角度考察

行业的性质不同决定了行业的污染状况也不尽相同，即使在相同环境规制水平下，对产业竞争力所造成的影响也会不同。考虑到行业的发展特点和规模不同，为能更加客观、准确地掌握不同行业污染背景下环境规制水平对产业竞争力的影响状况，本章拟对西部地区不同行业内的环境规制水平对产业竞争力的影响分别进行研究，数据选取 1999 ~2013 年西部地区 13 个重点资源型产业为样本，重点考察以下几个方面：行业内环境规制水平的变动究竟会给产业竞争力带来哪些影响？是否与区域间的变动关系呈现一致或雷同？能否使环境规制达到预期的效果？如果不能，那么行业内的环境规制水平又将如何制定？目前的环境规制如何更好地实施推行下去？为尽快厘清二者的相互关系，解开上述问题的困扰，我们有必要从分行业的角度作进一步的研究和探讨。

6.1 基本假设的提出

国内学者对环境规制与产业竞争力关系研究主要基于行业角度的考察，分两个层次进行。

一是环境规制对整体产业竞争力产生的影响，傅京燕（2002）认为环境规制与污染密集型产业国际竞争力之间的影响关系不确定[178]；赵细康（2003）选择了全国制造业中 17 个主要产业，发现环境保护与产业国际竞争力之间没有呈现出规律性的变化，其中大多数产业的国际竞争力会随着环境规制的加强而出现下降，但部分污染密集型产业的国际竞争力会随着环境规制的加强有所提高，这表明环境规制不是影响产业国际竞争力大小的决定因素[179]；于巍（2009）检验了全部制造业规模以上工业企业的数据后，得出环境规制与产业绩效成负向变动关系的结论[180]；傅京燕和李丽莎（2010）通过对 24

个制造业数据的考证，进一步发现由于环境规制双重作用的存在，使得环境规制与产业国际竞争力之间呈现出不规则的“U”型关系，在“U”型曲线拐点左右两端，环境规制对产业国际竞争力的影响状态截然相反[181]；沈能（2012）着眼于不同行业特性，探讨了环境规制与产业绩效之间的变动关系，认为污染密集型产业由于环境规制所产生的生产成本超出了其补偿作用，导致减缓了产业绩效的增长[182]；唐杰英（2013）考察了环境规制对垂直专业化不同行业贸易竞争力的影响，发现较高的贸易竞争力集中在低排放行业领域[183]；涂红星等（2014）在基于全国 36 个工业行业数据的分析基础上，发现环境效率损失和规制成本普遍存在于工业行业中，只是高低因行业而异，其中污染密集型行业明显要高于清洁生产型行业，这就为揭示环境规制对产业竞争力发生不同影响提供了有力证据[184]；唐丽娟和袁芸（2014）将第一产业农业作为考察对象，就环境规制对农业企业竞争力的影响问题进行分析，认为虽然现阶段环境污染还没有引起农业企业的足够重视，但在农业环境逐渐恶化的形势下，应适当加强环境规制，提升农产品质量标准和生产标准，培养农业企业的绿色竞争力，实现农业产业和环境保护的融合发展[185]。

二是环境规制对特定产业竞争力产生的影响。吴国松（2007）利用两种不同检验方法对国内造纸产业进行验证，得出环境保护强度对造纸业产业竞争力具有正相关性影响；白雪洁和宋莹（2009）侧重于环境规制对火电行业效率的影响研究，并依据国内环境规制强度的高低划分为强规制、弱规制、非规制三个档次，表明通过环境规制能够促使技术创新从而提升火电行业的整体效率，但各个地区的具体状况有所差异，借此提出分地区火电行业的发展模式分为外力推动环境友好型、环境弱友好型和内力驱动环境友好型三种[186]；张各兴和夏大慰（2011）将发电行业作为重点考察对象，发现环境规制对技术效率产生负向影响[187]，也有研究根据投入生产要素特点对产业做了进一步的细分；马建平等（2012）将全部行业分为三组，即劳动密集型与资本密集型行业、重污染行业与轻污染行业、平均行业，多角度地分析了工业品出口结构特征，分别考察了污染防治对出口比较优势的不同影响[188]；张慧明等（2012）选择了重化工业的 15 个细分行业，研究环境规制对技术创新和生产效率的影响，结果证实了“波特假说”在化工行业的可行性，但有一部分化工行业的环境规制没有对生产效率起到任何作用[189]；黄慧婧（2014）锁定了纺织行业为重点考察对象，发现环境规制与产业国际竞争力表现出阶段性特点，短期内环境规制会削弱产业国际竞争力，但长期随着纺织企业的技术提升，环境规制有助于促进产国际竞争力[190]。

无论是从整体行业层面还是从具体行业层面，环境规制对产业竞争力的影响关系还没有统一的结论，但行业的污染特点的确会影响到环境规制的成本和效果，进而对产业竞争力的作用出现差异。现有针对中观层面的研究，一般按照产业的污染强度不同划分为较易对比的重度、轻度、中度污染行业进行分析，但对重度污染的行业内部的异质性研究较少，且主要集中在环境规制与产业绩效和技术创新效率的关系方面，对环境规制的影响机制缺乏系统研究。基于此，本章基于西部地区 13 个资源型产业的面板数据，拟考察行业内部环境规制对产业竞争力的影响程度和作用机制。

基于行业视角的环境规制与西部地区资源型产业竞争力的影响关系，提出以下三种假设：

假设一，环境规制制约了西部地区资源型产业竞争力。即环境规制越高，西部地区资源型产业竞争力越弱；反之，环境规制越弱，产业竞争力就越强。

假设二，环境规制促进了西部地区资源型产业竞争力。即环境规制越高，西部地区资源型产业竞争力越强；反之，若环境规制越低，产业竞争力也跟着降低。

假设三，环境规制既不会促进也不会阻碍西部地区资源型产业竞争力，或者二者关系尚不明显，环境规制对产业竞争力呈现中性状态。

6.2 模型的设定和数据说明

本书使用 1998 ~2012 年西部地区 13 个资源型产业构建的面板数据模型如下：

$$RIC_{it} = \alpha + \beta_1 ERS_{it} + \beta_2 DIC_{it} + \beta_3 PER_{it} + \beta_4 \ln ASS_{it} + \beta_5 \ln FDI_{it} + \beta_6 \ln RD_{it} + \beta_7 MAR_{it} + \gamma_{it} + \varepsilon_{it} \tag{6.1}$$

其中，被解释变量为 RIC 产业竞争力，由于不能确定环境规制对产业竞争力的影响效果，由于在使用模型前，验证了环境规制的二次方项系数基本为负，因此排除了环境规制与产业竞争力曲线关系的存在，剔出环境规制的二次项。*DIC* 代表产业集聚度，*PER* 代表劳动投入，*ASS* 代表固定资产投资，*FDI* 代表外商直接投资，*RD* 代表研发投入，*MAR* 代表市场化程度，i 代表西部地区的 13 个不同的资源型行业，包括资源采掘类行业、资源加工类行业及电力、热力的生产和供应行业（$i=1, 2, \cdots, 13$）；t 代表 1998 ~2012 年的时间序列（$t=1, 2, \cdots, 15$），α 、β_1 、β_2 、β_3 、β_4 、β_5 、β_6 、β_7 、β_8 为待估参数，γ_{it} 表示存在个体效应，即时间不变的行业整体效应，ε_{it} 表示随机误差项。在不影响统计变量之间关系的情况下，对 ASS、RD、FDI 作了对数处理（各指标数据来源参看第 5 章介绍）。

6.3 实证结果讨论

行业环境规制对产业竞争力的影响有较大的差异性，通过实证研究来进一步验证，与第五章区域视角下的实证方法类似，本节回归模型依然通过 Hausman 检验来判断和选择，采取固定效应或随机效应模型。根据式（6.1）得到以下面板回归结果（见表 6－1）。

表 6－1　　分行业环境规制与产业竞争力回归结果

解释变量	煤炭开采	石油开采	黑金属矿采	有色开采	非金属采选	石油加工
C	64.6149***	1.9837	16.1773***	12.2172***	14.2577***	40.4163***
	-4.6286	-0.5569	-3.7598	-3.0424	-2.3838	-5.3363
ERS	4.6832***	0.0857	1.9542**	1.0623**	2.7794**	0.3006
	-2.9951	-0.2012	-1.9396	-2.2412	-2.1662	-0.5517
DIC	2.5559***	0.2665	0.072	-0.1243	0.9352	-1.3137**
	-3.2984	-0.4062	-0.0553	(-0.1425)	-0.6403	(-2.0128)
PER	0.5172**	-1.1548**	-0.1798	-1.6706	0.2692	-0.791
	-2.3451	(-2.0649)	(-0.2978)	(-1.4777)	-0.1292	(-1.4199)
ln（*ASS*）	-2.8211**	3.9407***	0.8502*	1.9786***	1.5261**	1.7118**
	(-2.2712)	-8.7922	-1.8798	-4.0127	-2.3658	-2.2355
ln（*RD*）	-0.9378	0.9223	0.0668	0.8199*	-0.1007	-1.2045***
	(-1.6186)	-1.5456	-0.1347	-1.7194	(-0.2078)	(-2.7174)
ln（*FDI*）	-0.1382	2.5591***	2.1411***	-1.0117	1.4639**	-0.4328
	(-0.2815)	-4.011	-3.2451	(-1.5354)	-2.1947	(-0.6745)
MAR	10.4131**	-5.9133	23.0381***	14.9038***	-0.1404	-7.3646*
	-2.1086	(-1.3317)	-4.6723	-3.6335	(-0.0321)	(-1.7934)
Hausman 值	0.0405	0.8534	0	0.1213	0.8425	0.481
模型设定	FE	RAN	FE	RAN	RAN	RAN
F 统计值	16.1251	56.4191	4.8427	11.6826	13.8585	13.0178
R^2	0.4228	0.7156	0.359	0.3439	0.4476	0.3859
D-W 值	1.9901	1.9756	2.5588	1.9345	1.9871	2.3803
解释变量	化学制品	化纤制造	非金属制品	黑金属加工	有色加工	电力热力
C	41.8235**	5.8911**	36.4088**	44.0320**	0.8017	2.5891
	-4.732	-2.0271	-2.9825	-4.3635	-0.0616	-0.1081
ERS	0.1193	0.9172*	0.8217**	-1.6491**	1.0641**	0.0741
	-0.2281	-1.755	-1.9139	(-1.9799)	-1.9385	-0.2181
DIC	3.7356**	10.7165**	0.3751	5.2204**	2.5538**	0.9033
	-4.0873	-7.5393	-0.4062	-3.0331	-2.7875	-1.1354
PER	-0.1162	-3.4346**	0.0133	-0.2607	-1.5147**	0.0516
	(-0.4992)	(-4.2444)	-0.0562	(-1.4207)	(-3.8815)	-0.7998

续表

解释变量	化学制品	化纤制造	非金属制品	黑金属加工	有色加工	电力热力
ln (*ASS*)	-1.258 8*	0.856 6*	-1.624 1	-0.433 2	2.540 4***	2.086
	(-1.871 4)	-1.724 4	(-1.597 3)	(-0.561 0)	-2.618 8	-1.327 7
ln (*RD*)	0.382 5	2.035 7**	1.139 9**	-0.141 2	-0.159 5	1.176 0*
	-0.827 3	-3.561 4	-2.092 7	(-0.248 0)	-0.282 1	-1.808
ln (*FDI*)	-0.928 3*	-1.909 0*	-0.634 2	-1.772 4**	-0.508 9	-1.018 8**
	(-1.800 7)	(-1.880 6)	(-1.184 1)	(-3.055 9)	(-0.877 5)	(-2.088 4)
MAR	7.663 8*	7.687 6**	14.691 1**	3.287 7	13.617 1**	-3.074 2
	-1.784 4	-1.934 1	-2.895 8	-0.809 2	-2.304 4	(-0.370 4)
Hausman 值	0.398 4	0.827 3	0.003 1	0.704 1	0.004 1	0.000 1
模型设定	RA	RA	FE	RA	FE	FE
F 统计值	4.344 8	21.332 9	2.316 3	17.223 4	15.029 4	2.993 8
R^2	0.162 3	0.487 5	0.211 3	0.441 9	0.359 5	0.258 5
D-W 值	2.006 9	1.912 5	2.128 8	2.118 9	2.212 9	1.810 4

注：分析软件为 EViews 6.0，回归系数据号内的数为 t（z）值；***、**、* 分别表示 1%、5%、10% 水平上显著；FE 和 RAN 分别代表固定效应和随机效应最小二乘法估计。

按照环境规制对产业竞争力的回归结果分为三大类，即形成正效应和负效应及没有任何效应关系。产生正效应的有：煤炭开采和洗选业、黑色金属矿采选业、有色金属采选业、非金属采选业、化学纤维制造、非金属矿物制品、有色金属冶炼及压延加工七个行业；产生负效应的有：黑色金属冶炼及压延加工；影响效应不显著的有：石油和天然气开采业、石油加工炼焦及核燃料加工、化学原料及化学制品制造业、电力热力生产供应业四个行业。鉴于实证回归结果信息量较大，为了便于清楚地掌握变量之间的关系，我们先依据以上三类回归结果将行业进行分类，并结合行业的特点详细讨论，然后按照主要指标将各行业进行总结和概括，突出指标特征反映的行业共性问题，即以行业和指标相结合的思路来讨论。

6.3.1 分行业结果讨论

（一）环境规制对产业竞争力产生正效应

环境规制对产业竞争力产生正效应的行业共有七个，选择西部地区有代表性的煤炭采选业、化学纤维制造、非金属矿物制品三种不同类型行业为例展开讨论，其他行业分析与之类似。

1. 煤炭开采和洗选业

（1）ERS 环境规制对产业竞争力有直接的促进作用。从变量的显著性看，环境规制对产业竞争力的解释力达到 1% 的显著性水平，对产业竞争力产生较为显著的正效应，且弹性系数为 4.683 2，表明环境规制每上升 1%，就能带给产业竞争力 4.683 2% 的上浮空间，环境规制毋庸置疑成为影响煤炭开采行业竞争力的重要指标。煤炭开采业一直以来是我国传统开采业中的领头羊，长期大规模地煤炭开采引起空气、土壤、植被、地下水等生态环境恶化，随着空间范围的扩大和时间周期的延长，不仅严重威胁到当地居民的生产生活，更加危及到煤炭开采行业自身的发展，引发的环境问题已成为当前研究的热点和难点[191][192]。在环境规制的强约束下，指导煤炭行业提高资源的回收率，降低其生产成本和浪费，来缓解煤炭资源的枯竭形势，对提高煤炭开采企业的竞争力有间接促进作用。

（2）DIC 表明产业集聚度与产业竞争力呈正向强相关性，产业集聚度每上升 1%，产业竞争力将提高 2.555 9%，且在 1% 的水平上显著。全国重点投入建设的大型煤炭基地主要集中在西部地区的内蒙古、陕西、宁夏、青海、新疆五省区，西部地区的煤矿已探明储量达 10 627.7 亿吨，约占全国的 81.2%①，说明煤炭开采行业在西部地区形成相对集聚，对全国的能源供给起着举足轻重的作用。国家加大了对煤炭行业的整合力度以及大型煤矿企业的培育进度，都将优化煤炭产业格局和集聚水平，促进产业结构优化升级，对产业竞争力起到明显地带动作用。

（3）PER 劳动力投入与产业竞争力成正向变动关系，且在 5% 水平上显著，即劳动力投入每增加 1%，产业竞争力就会增加 0.517 2%。虽然西部地区的煤矿借助于机械化来实现高产、高效、高强度的开采，但大多数的煤矿应用机械化作业的条件有限，开采主力依然是人工，因此大量劳动力的注入一定程度上有益于产业竞争力的提高。

（4）ASS 固定资本投入与产业竞争力在 1% 的显著性水平上呈负相关，且系数较高，即固定资本投入每追加 1%，产业竞争力就会削弱 2.821 1%。煤炭行业虽然是固定资产投资的重点领域，但是在西部生产、东部消费的煤炭格局下，运输力量不足和运输成本上涨等因素成为制约西部煤炭业发展的障碍。且煤炭需求受季节性因素影响较大，大量固定资本的投入，易引起煤炭产能过剩，这些影响的存在都不同程度地削弱了固定资产投资增加带来的正面效应，整体上束缚了产业竞争力水平的增加。

（5）RD 研发经费支出对产业竞争力的影响为负，与预期符号不一致，且没有通过 10% 的显著性检验，研发的弹性系数为 0.937 8。虽然政府对煤炭行业的研发支持力度在逐年叠加，但总量和规模相对发达国家和地区而言过小，

---

① 钱鸣高．煤炭产能扩张引发中西部环境隐忧．科技时报，2011－02－20［2012－06－11］．http://www.cas.cn/xw/zjsd/201102/t20110221_3073269.shtml.

在其他投融资渠道不畅通的情况下，煤炭企业自有投资负担过重，致使现有科技成果无法指导煤炭开采的进行，也不能从根本上扭转煤炭开采规模与研发技术水平不相匹配的现状，更无法实现技术改进与控制环境污染的目标。因此，研发对产业竞争力只能起到消极作用。

（6）FDI 外商直接投资对产业竞争力影响为负，但并没有通过显著性检验，煤炭行业的对外引资行为还没有对产业竞争力产生直接影响。

（7）MAR 市场化程度对产业竞争力产生正向影响，通过了 5% 的显著性检验，市场化水平每进步 1%，引致行业整体竞争力上涨 10.413 1%。煤炭行业的国有制改革推进一度缓慢，但随着行业兼并重组步伐的加快，有利于为企业拓宽融资渠道，提高企业的生产和管理效率，缓解国有煤炭企业的生存危机，这些都将有助于行业竞争力的提升。

2. 化学纤维制造

（1）ERS 环境规制对产业竞争力有微弱的促进作用。变量勉强通过了 10% 的显著性检验，且弹性系数小于 1。可见化纤产业的环境规制对产业竞争力的解释力和显著性偏弱。

（2）表明产业集聚度 DIC 产业集聚度与产业竞争力呈正向强相关性，产业集聚度每上升 1%，产业竞争力将提高 10.716 5%，且在 1% 的水平上高度显著。西部地区化学纤维制造业的大中型企业虽数量不多，但产业集中度较高，易形成规模经济，对产业竞争力的拉动作用十分明显。

（3）PER 劳动力投入与产业竞争力成负向变动关系，且在 1% 水平上显著，即劳动力投入每增加 1%，产业竞争力反而降低 3.434 6%。因为行业的规模经济特征显著，机械化替代了人工生产，大大提高了行业效率，挤出了一部分劳动力就业。

（4）ASS 固定资本投入与产业竞争力呈高度正相关，通过了 10% 的显著性检验，弹性系数较小，固定资本投入对产业竞争力起到带动作用不是很强。

（5）RD 与产业竞争力在 1% 的显著性水平上呈正向变动关系，研发的弹性系数为 2.035 7，产业竞争力对研发的变动相当敏感，这主要得益于国有化技术装备提供的强有力支撑，在此基础上加大科技投入和自主创新，取得了重大的技术突破。

（6）FDI 外商直接投资与产业竞争力影响为负，显著性水平仅为 10%，化纤行业作为国内最早开放的市场之一，迫切需要与世界同行的密切合作来推进自主创新，但应根据国家相关产业政策和行业发展的总体战略，来正确引导外商投资方向，优化投资结构，提高外商投资项目的质量和水平，方能实现提高行业整体竞争力的初衷。

（7）MAR市场化程度对产业竞争力产生正向影响。5%的高显著性水平以及7.687 6的弹性系数足以说明对产业竞争力的强解释力，行业的非公有制经济成分上升，出现行业向大企业、民营企业集中的趋势，打破了原来的所有制格局，行业资本结构日趋多元化，极大地促进了产业竞争力水平。

3. 非金属矿物制品

（1）ERS环境规制对产业竞争力有直接的促进作用，变量的显著性为5%，弹性系数为0.821 7。

（2）DIC、PER、ASS、FDI均没有通过10%的显著性检验，且弹性系数值过低，表明这四种因素没有对产业竞争力构成明显的影响。西部地区的非金矿制品企业较少，主要集中在东南沿海一带，目前的集聚状况没有对产业竞争力产生显著的作用。固定资产投资主要依靠地方政府投资完成，但中央实行信贷政策向绿色信贷的调整，而行业整体节能减排还达不到政府给予资金支持的标准，技术水平又与国际同类行业有巨大差距，使得对外资的吸引度不高，更加剧了企业资金短缺状况，从而对产业竞争力没有形成显著的拉动力。

（3）RD与产业竞争力呈高度正相关，通过了5%的显著性检验，弹性系数为1.139 9。非金属矿物制品行业比较注重在引进技术装备的基础上，吸收消化进行自主研发，重点企业加快建成生产基地的步伐，一定程度上促进了技术研发的进度，对产业竞争力形成不小的带动效应，行业发展自身更需要较高的科研水平作支撑，以技术进步来弥补资源的不足，突破资源的瓶颈型约束，实现对产业竞争力的持续推动。

（4）MAR市场化程度对产业竞争力产生正向影响，不仅通过了1%的显著性检验而且弹性较大，市场化水平每进步1%，将引致行业整体竞争力上涨14.691 1%。市场化程度的提高和竞争的良性开展，都有利于产业竞争力的提高。

（二）环境规制对产业竞争力造成负效应

（1）黑色金属冶炼及压延加工业的ERS环境规制对产业竞争力有显著地抑制作用。环境规制每上升1%，产业竞争力就显著下降1.649 1%，环境规制无疑给企业带来了较高的生产成本和治理负担，降低了企业的营利空间。

（2）产业集聚度与产业竞争力在1%的水平上呈正向相关性，产业集聚度每上升1%，产业竞争力将提高5.220 4%，黑色金属冶炼及压延加工业对技术水准的要求较高，达到集聚化生产，对实现技术资源共享，降低运输成本能有很大帮助。

（3）PER劳动力投入、ASS、RD与产业竞争力呈负向变动关系，但均不显著，MAR 对产业竞争力影响虽为正向，但非公有制经济发展并没有对产业整体竞争力产生明显的带动作用。

（4）FDI 与产业竞争力在 1% 的显著性水平上呈负向变动关系，弹性系数为 1.772 4，目前西部地区黑色金属冶炼及压延加工业的高端技术设备主要依靠国外进口，对本地的技术设备更新升级起到一定带动作用。

（三）环境规制对产业竞争力没有显著影响

石油和天然气开采业、石油加工炼焦及核燃料加工、化学原料及化学制品制造业、电力热力生产供应业四个行业的环境规制对产业竞争力影响不显著，均没有通过 10% 的显著性检验且系数过低，影响关系不成立。一方面针对这些行业的环境规制强度较低，没有发挥出环境规制对产业竞争力的影响效力。另一方面与行业的特点有直接关系，石油开采行业主要是国有垄断企业，有助于实现一定的集聚化和专业化，但企业的竞争和创新能力没有得到优胜劣汰，而且计划经济体制遗留的人才引进束缚，使得自主研发水平有限，没有成为产业竞争力明显的推动力量，石化行业近年来加大了所有制改革力度，但没有从根本上改变石油行业的国有身份，更没有对企业内部的管理机制产生质的影响，因此，市场化进程几乎没有对石油产业竞争力整体产生影响，而是直接影响了环境规制的执行效率。石油加工业的非公有制经济占比要高于石油开采行业，但过度竞争，导致产品低层次徘徊，对产业竞争力反而起到阻碍作用。石油加工业虽然属于石油天然气开采业的延伸，但各因素的影响状况与石油开采业却大为不同，根本原因在于石油加工业的核心价值主要体现在产品的加工生产环节，必须依靠技术进步来提高产品质量和加工档次，行业的发展与科技研发和加工工艺密不可分，石油加工业的发展滞后与迅猛扩张的石油开采行业极不匹配[193]。

目前我国电力行业仍然以火力发电为主，由于电力行业典型的自然垄断特征，又属于公共事业，国有垄断程度非常高，其投资主体依然是中央和地方政府，企业员工劳动效率低下，且对煤炭等能源的一次性消耗较大，带来的环境污染问题较严重，能源开发的有限性也制约了电力行业未来的发展，因此必须依靠技术突破来降低能耗，提高发电效率，开发其他新的可替代能源或清洁能源，才能从根本上提高产业竞争力，这与西部地区电力行业目前所处的困境相吻合。

6.3.2 主要指标结果讨论

本章内容在分别考察了环境规制与西部地区 13 个资源型产业竞争力的影

响关系后，得出二者之间的正效应、负效应、无明显效应同样在行业并存，对前面提出的三种不同的关系假设均得到了验证，但总体行业中环境规制的促进作用要多于制约作用。

（1）环境规制对产业竞争力的影响整体上是比较显著的，主要与产业竞争力呈线性递增或递减的关系，影响方向因行业特征不同而有所差异。其中环境规制能显著促进产业竞争力水平的行业有：煤炭开采、黑色金属采选、有色金属采选、非金属采选、化学纤维制造、非金属制品、有色金属冶炼及压延等 7 个行业，且资源采掘类行业的影响强度要普遍高于资源加工类行业的作用，这意味着要加强对资源采掘类行业的环境规制力度；环境规制削弱了产业竞争力的行业是黑色金属冶炼及压延业，不论是对产业竞争力产生正面影响还是负面影响，都表明了环境规制是考察西部地区资源型产业竞争力的重要指标。而在石油和天然气开采、石油加工炼焦及核燃料加工、化学原料及制品、金属制品、电力热力行业内，环境规制对产业竞争力的影响目前还不是很显著。对大部分资源型行业实行环境规制能促进产业竞争力协调发展，但小部分行业环境保护与产业发展都处于失衡状态，不同工业行业处理污染排放的能力和行为存在显著差异。

（2）DIC 产业集聚度对产业竞争力主要产生积极作用。化纤制造产业的集聚度系数达到 10.716 5，据此可以判断出，环境规制并没有削弱行业集聚水平。从检验结果可以看出，资源型产业的集聚程度与产业竞争力有着密切关系，集聚化水平高的行业主要体现在资源加工和化工领域，且影响系数大于资源采掘类行业，资源采掘行业中除煤炭开采行业产业集聚水平较高，其余行业集聚特征均不明显，环境规制显然打破了原来行业的集聚格局。相对而言，资源加工类产业布局更易受到环境规制影响，能够按照环境保护的标准重新进行区位选择和建设，例如可以按照“出城入园”的现代工业园集中模式发展，而资源采掘类行业布局主要是取决于资源的空间地理分布。但总体而言，西部地区产业集聚仍然依赖于矿产资源的分布，产业集聚主要表现出的是地理集聚特征，这对产业竞争力的推动作用非常有限，处于上游采掘类产业与下游加工类产业的关联度不强，生产和加工环节衔接不紧密，不利于产业链条的延长，也阻碍了产业集群的壮大和发展。

（3）PER 劳动力投入会对产业竞争力主要起负面影响。劳动力投入影响系数较低，大部分行业仍然徘徊在 0 ~ 3 之间，结论与区域实证保持一致。劳动力作为主要生产要素是企业常规投入的重要组成部分，但随着行业机械化和自动化水平的提高，势必会对劳动投入会产生一定的挤出效应，况且在企业内体制影响下劳动力生产效率低下，已经无法为产业竞争力带来持续增长的动力，因此，在劳动力投入指标比较显著的行业中，均表现为显著地负相关性，只有煤炭开采行业表现出正向关性，弹性系数仅为0.517 2影响较为微弱，说明了增加劳动力投入会削弱产业竞争力。

（4）ASS对产业竞争力主要起到积极作用。在考察的13个行业中，大部分行业的固定资产投入增加会显著提高产业竞争力，但个别行业的固定资产投资对产业竞争力却起到了阻碍作用，如煤炭开采和化学原料及制品业，充分说明仅靠持续追加固定资产投入对产业竞争力的拉动作用非常有限，过多资本的投入会挤压对人力资本的投资，没有高素质的人力资本作保障，物质资本难以创造出更高更长久的经济效益。因此，企业的长久发展不能对物质资本产生过度依赖，而应该将方向转移到人才队伍的建设上来，否则固定资本对人力资本的挤压效应会抵消拉动效应。

（5）RD对产业竞争力的提升作用基本不显著。回归结果显示，研发对产业竞争力影响比较显著的行业仅有有色金属矿采选、化学纤维制造、非金属矿物制品、电力热力生产供应四个行业，其余行业均不显著。尽管在资源型产品普遍同质化、市场竞争加剧的今天，只有依靠科技才能不断提升企业竞争力，但目前西部地区资源型产业的整体研发状况不容乐观，并不是所有企业都具备研发的基本条件，只有大中型企业才可能拥有研发的实力，但由中央和地方政府投资的企业，研发效率和产出较低，再加上西部地区人才的缺失，基础和应用研究严重滞后，导致研发没有成为带动产业竞争力的强大动力。

（6）FDI对产业竞争力的影响不确定。根据检验结果：石油和天然气开采业（2.559 1）、黑色金属矿采选业（2.141 1）、非金属矿采选业（1.463 9）、金属制品业，在这些行业中FDI的进入给产业竞争力带来了积极影响，而在化学原料及化学制品（0.928 3）、化学纤维（1.909 0）、黑色金属冶炼及压延加工（1.772 4）、电力热力生产供应业（1.018 8）等行业中，FDI却对行业竞争力产生了负面影响。从影响弹性系数上看，正效应的影响强度要高于负效应。由于西部地区各行业条件的局限，引资晚于东部沿海地区，对外资的学习和仿效能力都处于摸索阶段，利用外资的经验还不成熟，引进绿色环保的设备和生产工艺非常有限，对技术的消化吸收能力较弱，而且资源型行业技术和设备的专用性极强，技术扩散效果在其他行业很不明显。西部资源型企业抗风险能力不足，随着西部地区开放程度的提高，大规模外资的进注，行业风险和竞争的加剧，如何引导外资进入一个良性循环的状态，还需要长期的实践考证。

（7）MAR市场化程度与产业竞争力的影响显著正相关。在所有考察的行业中，市场化程度对产业竞争力的促进作用非常显著，且弹性系数均高于 7 以上，尤其是黑色金属矿采选业、有色金属矿采选业、非金属矿制品业三个行业的弹性系数高达 13 以上，市场化的影响强度最突出，优于所有指标的作用，所有制改革对产业竞争力的释放作用同样体现在行业领域，西部地区的资源型产业国有化比重较高，国有化会造成一定的经济效率损失[194]，制约了产业竞争力的提高，而过度竞争不仅加剧了资源的浪费，也不利于产业竞争力的提高。因此，只有恰当的竞争格局才能使二者兼顾，所以除了关系国计民生的行业中保持国有资产的控股地位外，可以在竞争环节，使国有资本逐步退出，引入合理有效的竞争机制，力争在企业产权结构上实现多元化，这样才能提高行业的运营效率和技术创新活力，不断提高企业的竞争力。

6.4　本章小结

本章内容是在继分省域考察了环境规制与产业竞争力影响关系的基础上，通过对行业层面研究现状的分析，基于两者关系研究结论的不确定性，提出环境规制对西部地区资源型产业竞争力行业层面三种不同关系的研究假设，并以 1998 ~2012 年的 13 个资源型行业数据，构建面板回归模型验证，结果表明：

首先，环境规制对产业竞争力的影响存在正效应、负效应、没有效应三种情况，它们同时存在于行业领域。行业的性质决定了其发展阶段和结构的差异，不同工业行业的技术水平不同，处理污染排放的能力也不同。从行业的整体考察状况来看，环境规制对产业竞争力的影响更加显著，且主要产生积极作用，这一点同区域考察的结论有差别。

其次，环境规制对产业竞争力的影响基本上表现为简单的线性关系，这和区域实证分析中出现“U”型变动关系的情况有所不同，说明行业对环境规制的反映要比区域的反映更加敏感，两者关系更加清晰更容易判断，更加确定“波特效应”在资源型行业领域存在的合理性，环境规制可以形成对产业竞争力的带动作用。

最后，环境规制依然是通过产业集聚度、劳动力、固定资产投资、研发、外商直接投资、市场化程度等因素对产业竞争力构成最终影响，但均存在对固定资本投入的过度依赖，严重束缚了科研和人力资本投资增长。这一点与区域得出的结论相互印证，行业存在的不足和缺陷构成了区域产业发展面临的共性问题。通过对各行业的考察，还发现采掘类产业与下游的加工、化工产业发展极不协调，这种情况会阻碍行业集聚和规模化的发展，实现产业的纵向一体化发展对产业竞争力的提高显得尤为重要。

总之，对于不同的工业行业，应该采取不同的环境评价标准，确定最优环境规制强度，将环境污染严重、但技术改进空间大的行业如化工、冶炼加工等优先作为重点监督治理对象，实施动态的环境管理策略，并建立不同激励和约束机制，提高环境规制的引导鼓励性，有针对性地引导企业成长，只有这样，环境规制才能起到真正成为促进产业竞争力的一把利剑。

第7章

结论与对策建议

7.1 研究结论

资源型产业主宰着西部地区经济发展的命运，为地区带来了较高的经济增长同时，也给生态环境埋下了诸多隐患，环境规制的实施势必会给西部地区资源型产业发展产生深远影响，本书立足于“波特假说”理论，锁定西部地区内蒙古、广西、重庆、四川、贵州、云南、陕西、甘肃、宁夏、青海、新疆等（西藏除外）11个省、直辖市和自治区作为研究区域，选择1998～2012年13个资源型产业作为考察对象，并从分区域和分行业的视角，就环境规制对西部地区资源型产业竞争力造成的影响及传导途径进行了深入探讨。预期实现西部地区环境保护的同时提高资源型产业竞争力，根据理论和实证研究，得出如下结论，并为提出有针对性的对策建议奠定了基础。

（1）回顾了环境规制与产业竞争力的相关理论文献，明确了环境规制与产业竞争力的理论基础，指出环境规制与产业竞争力的关系研究仍处于探索阶段，因此需要落实到产业的角度对理论加以佐证和丰富，本书从西部地区资源型产业出发，西部地区资源型产业的发展与环境污染增加出现高度的耦合性，长期以来资源型产业粗放型的增长方式，导致产业发展受到严重的资源环境束缚，整体产业竞争力偏弱，亟待对环境保护和产业发展之间的关系作出深入分析。

（2）通过对环境规制与产业竞争力的影响机制分析，明确了环境规制对西部地区资源型产业存在补偿效应、抵消效应、人力资本挤出效应、资本积累挤出效应、FDI区位选择效应、产业集聚效应、技术创新效应、市场效应等，即环境规制对产业竞争力既有正面的拉力又有负面的阻力，最终形成净影响效应，当拉力超过并足以弥补阻力时，整体产业竞争力是上升的；反之，则会使整体产业竞争力下降。

（3）环境规制与西部地区资源型产业竞争力存在较强的相关性。通过对环境规制、西部地区资源型产业竞争力的定量测度，发现西部地区环境规制水平整体较低，1998～2012年虽然出现一定的增加，但增加幅度不高，这与西部地区实施环境政策较晚有直接关系，环境保护和执行均不完善，环境规制的整个阶段，经历了从低—高—平稳的变动，而产业竞争力却是由高—低—高—平稳的变动，从总体发展趋势来说，环境规制与资源型产业竞争力经历了由分裂到一致的过程，这种趋势上的较强相关性，究竟是偶然的巧合还是必然的内在关联，需要考察其他影响产业竞争力的变量，并建立多元回归模型来进一步探讨。

（4）环境规制对西部地区资源型产业竞争力确实存在较强影响。区域视角下的研究得出广西、重庆、新疆局部地区二者关系存在“U”型曲线轨迹，但西部地区整体上环境规制对产业竞争力的推动作用不是很显著，正效应无法抵消和弥补局部地区环境规制的负效应；行业视角下得出总体环境规制与资源型产业竞争力呈显著的正相关关系，且环境规制的正向影响强度在资源采掘类行业中体现的更明显，环境规制的二次项在行业面板数据模型中，体现得不明显，行业中两者只体现出规律的线性递增或递减关系，没有遵循“U”型轨迹，说明行业对环境规制的实施反应更敏感，环境规制对行业的影响要大于给区域造成的影响，环境规制的实施直接作用于企业生产过程中，而在区域中，环境规制是分散到区域内所有行业身上，就会使得环境规制的效力有所削弱。但无论是区域还是行业视角，环境规制的正向影响强度均大于负向作用，有力地证明了“波特效应”在西部地区资源型产业中存在的合理性，只是由于以上分析的西部地区和行业内部存在的不足和缺陷，使得环境规制对产业竞争力的影响作用表现出差异性和不稳定性。

（5）区域和行业的环境规制影响机制保持高度的一致性。说明无论是区域层面还是行业层面都面临着共性的问题，例如西部地区资源型产业均存在人力资本挤出效应、固定资本的依赖性、科技和研发水平低下，市场化程度不高等，其中市场化指标弹性系数最高说明所有制改革是西部地区资源型产业面临的迫切问题，所有制结构的调整直接关系到环境规制的执行效率。此外，对比区域和行业的固定资产投资（ASS）和外商直接投资（FDI）指标的弹性系数后发现，ASS对产业竞争力的影响要大于FDI，说明西部地区资源型产业中内资依然是资本的主体来源，改变资本对产业竞争力的影响作用，也首先要从内资入手。区域特征更是行业整体特征的集中体现，但区域自然禀赋和经济发展水平的差异，使得环境规制与产业竞争力的关系较行业领域更为复杂。

总之，环境规制对西部地区资源型产业竞争力的影响比较复杂，既有推动作用，也有阻碍作用，有直接的也有间接的影响，同时有短期的现实影响也会有潜在的长期影响，无论是从区域角度还是行业角度，环境规制对西部地区资源型产业所造成的正向效应（弹性系数）要强于负向效应，环境规制对产业竞争力的确有积极意义，但目前由于西部地区各方面因素的局限，使环境规制对产业竞争力的整体推动作用不是很显著，说明“波特假说”出现是有前提条件的，这就为西部地区未来实现环境保护和资源型产业协调发展指明了方向，只要能阻断环境规制对产业竞争力的负向传导途径，疏通环境规制对产业竞争力的正向传导途径，就能有效遏制或减少环境规制的不利方面，扩大或强化环境规制对产业技术创新的激励效应，最大化地发挥环境规制对产业竞争力的助推器作用。

7.2　对策建议

7.2.1　提高环境规制效率

（1）加强重点区域和重点行业的环境规制。目前西部地区的整体环境规制水平普遍较低，一定程度上纵容了资源型产业对环境和资源的消耗和污染行为，由于西部地区属于经济欠发达地区，经济发展仍然还是主要任务，收入水平低会弱化了人们对环境质量的偏好，各地区的经济发展水平和阶段差异，造成地区对环境规制的接受和处理能力参差不齐。资源型产业属于污染密集型产业，对其所采取的环境规制政策应该考虑产业自身属性，因此，这就为制定合理优化的环境规制政策提出了更高的要求，但不能盲目陷入高环境规制的歧途，避免过于严格的环境规制给企业创新积极性造成挫伤[195]。建议结合国内、国际上同类型产业的污染排放制定标准，逐步分区域分行业的渐进提高，分行业地实施有差别化、动态化的环境规制政策，加强环境规制影响度较高的采掘类行业的规制水平，对污染特别严重的石油、化工等行业重点加强监督和检测，对超出环境资源承载能力的行业实行限制措施[196]，并率先在重点区域和重点行业展开，对工业污染源实行跟踪定位，同时改变调整常规事后处理的策略，加强定期现场排查力度，对产业生产的工艺和流程做出相应的鉴定和规范，争取从生产环节加以引导。

（2）实行多元化的环境规制方式。本书得出的结论是基于强制性污染控制的环境规制方式，这种环境规制方式的刚性，既加大了环保部门的执行成本，也提高了企业的治理成本，容易对企业造成环境排放标准的“一刀切”现象，脱离了企业的实际产出和收益情况的考察，迫使企业被动地接受和为规避处罚，而普遍采取末端治理的方式，损害了企业进行环境保护的积极性，不利于环境规制倒逼企业进行技术创新机制的形成。随着环境问题的日益复杂化和扩大化，区域和行业的差异状况交织在一起，使得单一的环境规制工具难以完成对环境的保护任务，因此，环境规制工具应当富有弹性，采用市场型等经济激励的环境管理手段，如环境收费、排污许可证、补贴、退款制度等，同时辅以经济、技术、法律和行政等综合手段，多元化全方位地实现对环境的保护和监管。同时考虑到中国法制不健全的客观现实，单靠政府承担所有的环境问题有一定难度，必须依靠社会公众和消费者的共同参与，完善行业和区域环境污染的信息公开和披露，实现全民互动和参与，提高公众的环保意识，倡导消费者拒绝购买污染超标企业的产品，消费者“用脚投票”的方式迫使企业生产环境友好型产品。

（3）调整地方政府在环境规制中的角色定位。长期以来，对地方政府的政绩考核以经济增长为主要指标，弱化了地方政府的环保职责，加之财政分权体制的长期存在，削弱了地方政府的经济实力，政府为了得到更多的发展资金，有些地方政府甚至成当地企业排污的保护伞，迫使地方政府以牺牲环境为代价，实行扭曲的发展方式，许多文献已经予以探讨和研究（张晏，2007；Quiroga et al.，2007），地方政府的环境职能严重缺失，且对地方企业的污染处罚力度薄弱，使得企业环境违规成本的低等化，不断引发群众与地方政府和企业之间的矛盾冲突。显然，地方政府已经成为环境规制执行不力的最大障碍，应该将环境治理成果纳入政绩考核机制内，重新赋予地方政府的环保角色，促使地方政府承担更多的环境责任。此外，资源型产业在西部地区之间存在严重的趋同性，区域之间的恶性竞争必然会竞相降低环境标准，长此以往西部地区就变为国内外重污染企业的“避难所”。在地方政府之间竞争日益激烈的当下，应该重构环境规制体制，打破现有的行政区划的限制，以生态特点为主要依据划分规制区域，实现跨区域垂直环境规制体制，并且完善现有法律体系，加强环境保护的法律效力。

7.2.2 引导产业合理发展

目前采取的环境规制政策侧重对环境污染事件的事前预防和事后处理，仅仅停留在控制环境污染的环保初级阶段，而环境质量的改善不是一朝一夕就能完成的，长期的环境保护应该贯穿于产业发展的内部，包括产业发展的周期和结构，鼓励产业技术创新，为产业未来发展指明方向显得尤为重要。

1. 完善重污染企业的退出机制

首先，科学确定重污染企业类型，根据国家环境保护法规中有关规定，结合产业污染排放强度和经济贡献率的计算，对西部地区现有资源型产业污染级别进行分类，对重污染企业而言，从重度污染到轻度污染不可能跨越实现，限期严格控制污染排放量，分步骤按照级别的退出污染行业；其次，根据企业类型确定退出路径，对于国家相关法律法规明确规定的产能过剩，坚决关闭停止生产的企业，必须予以取缔，对于没有明确规定关闭的行业领域，应该围绕行业内已有的实力较强的重点企业，通过同行业的兼并重组，整合壮大主流企业的竞争力，形成龙头企业或产业集团，以大企业帮扶小企业的方式，实现工艺和产品竞争力的提升；最后，对企业选择性的异地搬迁和转移，企业跨区域异地转移，从原来的生产区域迁出，能有效降低本区域的环境污染，但搬离企业必须按照工业园区的技术标准完成技术改造升级。因此，必须对重污染产业进行合理规划，完善补偿激励机制，保障重污染产业顺利退出市场领域，并防止死灰复燃现象，严格限制重污染且产能过剩的产业发展，并妥善安置下岗工人再就业。

2. 加快资源型产业所有制改革

市场机制对资源型产业的作用越来越重要，西部地区资源型产业所有制改革严重滞后，当务之急是进一步深化和加强产权改革，改变国有企业“一枝独秀”的局面，为产业发展扫清体制性障碍，激发企业的竞争活力。当然，对于石油行业、军工行业、贵金属等特殊资源型行业领域，由于涉及到国家能源和国防安全，要实现国有独资或国家控股权，但必须完善国有资产的监督管理体制。通过对企业所有制改革，提升企业市场竞争活力和效率。一是所有制改革可以实现产权的多元化，实现资源型企业资金来源的多元化，拓宽了融资渠道，经营方式的多元化；二是所有制改革使资源型企业管理方式非行政化，使政企分离，降低或减少政府对企业的行政干预，所有制的改革不是单纯地国退民进，而是建立科学的产权制度和现代企业制度，形成适当的竞争格局，提高行业的创新能力和运营效率；三是可以有效遏制国有企业寻租的行为，充分发挥价格机制对资源的优化配置功能，打破资源市场管理混乱和权责不明确的现状，提高市场化程度，营造一个公平、公开、公正的竞争环境。

3. 推动企业清洁生产技术创新

西部地区属于经济欠发达地区，无论是实施清洁生产的理念还是清洁生产技术都比较滞后，应该在国家出台的《清洁生产促进法》等法律法规的指导下，逐步制定由鼓励产值和产能扩大，转向鼓励节能减排和清洁化生产的产业政策，帮助企业转变生产理念，配套相应的税收减免和财政补贴的优惠政策，对实施清洁生产的企业予以实际支持和鼓励，为企业开辟环境保护和清洁生产的专项贷款，解决企业进行清洁生产技术创新的融资问题。由于资源型产业装备落后，且技术成果转化率不高，缺乏自主知识产权技术[197]的局限，难以通过自己的力量来完成清洁生产技术创新，必须要借助于多方面的优势，鼓励有实力的企业建立与高校、科研机构的合作，建立起完善的合作机制，开展技术研发、交流及合作，促进资源型企业向科技创新型转变。同时通过导入外界的清洁生产技术，为自主研发建立有效技术支持，逐步提高西部地区资源型产业清洁生产的能力和水平，实现企业经济效益和生态效益的协调发展之路。

7.2.3 促进区域协调发展

由于西部地区发展水平和模式的差异化，区域的差异性和相互依赖性并存，使得西部地区实现可持续发展具有较大难度（陆大道，2012）。同时，西部地区的资源禀赋存在一定的相似性，资源产业结构有很大的趋同性，导致区域之间展开无序竞争和恶性竞争，严重束缚了区域可持续发展的实现。要改变这种情况，必须要从以下两点着手：

（1）对西部地区的发展统一规划，将各区域纳入共同的发展体系内。自“十一五”以来，区域协调发展的进度加快[198]，协调性也逐渐增强，“十二五”期间区域协调性得到进一步强化和延续[199][200]，区域间的关系开始从不协调逐渐向协调变迁[201]，尽管各区域之间的联系在加强，但各区域仍然仅从自身的发展需求考虑来制定发展规划，缺乏从西部地区整体层面统一规划，导致各区域在发展定位、产业布局与相关配套政策等各方面存在着竞争，进而使得区域间发展不协调、产业同构化问题难以避免，环境关系得不到重视。针对这些问题，迫切需要研究和编制西部地区域环境规划，从全局角度统筹各区域的发展规划，同时配套跨省级行政区的规划，打破行政区划的管理制度界限和障碍，实现生产要素等共性需求的自由流动，提高资源的优化配置效率，对基础设施构建和产业分工进行统一规划和衔接，逐步形成一体化和均衡发展的新格局，增强各区域的市场竞争力和可持续发展能力[202]。

（2）整合各区域的优势，发展现代资源型产业。现代资源型产业对产业化分工协作有着很高的要求，受技术水平的局限，目前资源型产业在西部各省，开发程度和规模程度各异，产业的横向分割和纵向分割严重，限制了优势企业的壮大和发展。因此，改变区域资源型产业发展各自为政的现象，打破行业、部门和地区乃至所有制界限，冲破地方经济格局的壁垒，依托各区资源优势和产业基础，整合各省内优势突出、区位比较集中的资源型产业，按照工业园区的要求发展产业集群，并在西部资源型企业之间建立合作机制，加强企业之间的互动合作与知识交流，在提高资源利用率，环境保护等共性领域，开展共性技术研发和互利共享[203]，在培养人力资本和技术研发方面应加强合作，形成优势互补，高校不仅是提供人才的载体，也应该是专业知识交流的平台，高校开展与企业和工厂的合作，加强对行业领域技术工人的培训，注重理论与实践相结合。同时，在制定对外招商引资策略方面，应该加强区域环境政策的协同性，尤其是处于流域上游的地区，以免将造成本区域受利益，其他区域受污染的情况，严格控制污染型产业向西部其他地区转移。

7.3 研究展望

本书以理论和实证相结合的深入分析，研究环境规制对西部地区资源型产业竞争力的影响状况，以期探索出实现西部地区环境保护和资源型产业双赢的发展道路，从而实现西部地区经济的可持续发展。但鉴于研究水平和数据可得性的限制，本书的写作存在诸多瑕疵，需要在今后的学习研究中有待拓展和强化：

（1）本书对环境规制与西部地区资源型产业竞争力的影响研究，主要是从产业角度入手，并没有深入到企业层面，但是企业规模的大小对环境规制所采取的策略是不相同的，所拥有的技术研发实力也不同，这一点在理论分析中已经提出，大企业可能比小企业更有实力和信心去实现环境规制的标准，进行自主技术创新和研发，而小企业的市场竞争力意识可能会更突出，这些因素都没有在本书中得以体现。本书中所采用的原始数据主要是规模以上的大中型企业的数据，这就使得出的结论难免有偏差，囿于数据的可得性，没有对小企业的行为做进一步细化和明确，掩盖了微小企业行为的本质区别，忽视了企业之间的差异性所在，如果落实到企业层面研究，会更有利于得到翔实的研究结论，进一步揭示出产业中不同类型的企业行为，使得结论和对策会更具有操作性和参照性。

（2）本书针对实证结论，指出应进一步提高环境规制的效率和水平，只是给出了环境规制的未来改进总体方向，但对具体环境规制的最优水平和规模还没有明确的答案，更没有做出详细的分析论证。同时，模型分析中主要采取的是控制—命令型环境规制工具的量化指标，而没有对其他的环境规制方式加以量化和分析，例如市场型环境规制方式的污染税、污染治理补贴、税收优惠、扶持清洁生产的技术进步专项资金、保证金等，这就会弱化环境规制工具的总效力，如何准确量化这些规制工具还需要进一步的加以论证。因此，很难准确判断出环境规制政策的真实效果。

（3）由于环境污染物的特殊性，可能会通过空气、河流、生物体等媒介向周边或下游扩散，环境污染问题的空间跨界转移性，使得污染源地区的污染排放向其他地区转移，降低了污染源地区环境规制的机会成本，提高了其他周边地区的环境规制成本。因此，区域之间不是完全行政分割的，而是紧密相关的，鉴于此，应该将环境规制的地区溢出效应纳入模型考察体系内，使用空间计量的方法，充分评估环境规制对资源型产业竞争力的影响效力。同时，污染排放物对周边环境的影响有一定的滞后性，是当期与前期的历史加总到一定程度后，才会对环境质量产生明显的影响，因此，应该纳入到计量模型中去加以佐证，下一步这将是本书主要的努力方向。

综上所述，本书没有将资源型产业与其他非资源型产业共同进行研究，仅从资源型产业内部来探讨，非资源型产业发展与资源型产业发展有着密切的联系。显然对西部地区总体产业之间的协调发展考察不到位，缺乏西部地区整体产业发展的顶层设计，忽视了产业间的结构调整。本书研究所得结果由于数据局限，实证结果不是很理想，随着西部地区环境统计数据的不断丰富和完善，期待在未来的研究中对模型进一步修正，可以获得更加理想的实证分析结果。鉴于资源型产业本身的专业性技术较强，对产业自身特点理解得不够深刻，理论和实践结合有待深入。

附录

附表 1　广西数据描述性分析

变量	样本量	均值	中位数	最大值	最小值	标准差
RIC	195	44.596 1	46.650 0	92.420 0	1.231 5	19.666 4
ERS	195	1.875 8	1.027 0	9.938 9	0.004 2	2.138 4
DIC	195	1.266 8	1.057 8	8.871 7	0.120 0	1.509 1
PER	195	3.600 7	1.918 3	16.743 8	0.005 9	3.901 2
ln（*ASS*）	195	10.333 2	12.049 4	16.409 6	7.032 0	1.931 6
ln（*RD*）	195	6.155 3	6.977 0	11.835 5	0.000 0	3.730 5
ln（*FDI*）	195	4.197 3	4.499 6	8.277 7	-2.705 2	2.139 7
MAR	195	0.444 4	0.447 3	0.972 4	0.050 3	0.318 4

附表 2　重庆数据描述性分析

变量	样本量	均值	中位数	最大值	最小值	标准差
RIC	195	38.426 2	35.540 0	116.250 0	4.610 0	18.031 3
ERS	195	1.823 3	1.180 0	13.350 0	0.001 5	2.225 0
DIC	195	0.715 6	0.750 0	6.620 0	0.021 7	0.670 2
PER	195	3.183 9	1.660 0	16.990 0	0.018 3	3.723 8
ln（*ASS*）	195	10.341 7	10.820 0	15.800 0	5.550 1	1.709 5
ln（*RD*）	195	6.137 9	7.650 0	12.040 0	2.360 2	3.962 7
ln（*FDI*）	195	5.047 2	5.300 0	9.060 0	-2.610 0	2.242 3
MAR	195	0.477 9	0.480 0	1.000 0	0.010 0	0.342 1

附表 3　新疆数据描述性分析

变量	样本量	均值	中位数	最大值	最小值	标准差
RIC	195	30.939 8	26.615 1	81.170 7	2.830 2	14.950 2
ERS	195	1.583 3	0.662 9	13.932 8	0.042 8	2.108 9
DIC	195	1.103 7	0.774 2	5.568 9	0.223 7	1.250 8
PER	195	4.026 5	1.268 6	23.562 1	0.068 3	5.968 7
ln（*ASS*）	195	12.369 1	12.522 0	16.488 9	9.415 2	2.070 3
ln（*RD*）	195	3.751 6	4.442 7	11.288 5	2.410 0	3.824 8
ln（*FDI*）	195	1.599 8	1.938 0	6.074 6	-4.827 8	2.331 6
MAR	195	0.414 7	0.355 4	1.000 0	0.010 3	0.282 4

附表 4　贵州数据描述性分析

变量	样本量	均值	中位数	最大值	最小值	标准差
RIC	195	38.246 4	38.150 0	85.930 0	4.770 0	19.882 2
ERS	195	3.203 0	2.353 5	16.254 8	0.109 9	3.170 3
DIC	195	1.488 0	1.197 4	8.425 1	0.004 5	1.484 0

续表

变量	样本量	均值	中位数	最大值	最小值	标准差
PER	195	3.942 8	1.610 0	30.350 0	0.007 1	5.319 7
ln（*ASS*）	195	12.161 1	13.159 2	16.951 6	2.708 1	3.689 0
ln（*RD*）	195	4.631 1	6.347 4	11.390 1	-3.500 5	4.353 1
ln（*FDI*）	195	1.150 0	1.633 7	6.166 1	-8.267 7	2.923 8
MAR	195	0.483 4	0.464 2	1.000 0	-0.130 4	0.336 4

附表 5 陕西数据描述性分析

变量	样本量	均值	中位数	最大值	最小值	标准差
RIC	195	29.225 2	23.065 8	85.788 1	7.880 3	20.049 5
ERS	195	3.295 0	1.973 1	18.997 6	0.212 0	3.514 5
DIC	195	1.467 1	0.695 9	8.123 1	0.006 4	1.827 5
PER	195	4.222 7	2.765 9	20.004 4	0.027 4	3.914 9
ln（*ASS*）	195	12.604 8	12.851 9	17.589 6	6.491 5	2.555 8
ln（*RD*）	195	7.338 8	8.171 5	11.197 6	2.639 1	2.847 0
ln（*FDI*）	195	2.937 3	3.443 7	8.007 2	-3.955 1	2.948 4
MAR	195	0.422 3	0.402 1	1.000 0	0.001 7	0.292 3

附表 6 云南数据描述性分析

变量	样本量	均值	中位数	最大值	最小值	标准差
RIC	195	33.698 7	31.750 0	100.000 0	3.370 0	20.625 0
ERS	195	1.313 7	0.969 9	7.068 7	0.002 4	1.273 2
DIC	195	1.952 0	1.260 0	9.570 0	0.001 6	2.012 5
PER	195	3.737 7	3.198 0	14.934 8	0.005 7	3.310 2
ln（*ASS*）	195	12.026 3	12.577 3	16.067 8	6.858 6	2.616 2
ln（*RD*）	195	7.536 1	7.882 1	11.670 8	2.210 4	2.265 3
ln（*FDI*）	195	1.724 7	1.964 8	7.189 6	-7.627 4	2.998 0
MAR	195	0.674 7	0.771 9	1.000 0	0.128 0	0.290 9

附表 7 青海数据描述性分析

变量	样本量	均值	中位数	最大值	最小值	标准差
RIC	195	42.474 9	42.313 8	99.516 1	7.676 5	21.121 4
ERS	195	2.444 7	1.290 5	14.398 8	0.008 3	2.865 2
DIC	195	2.998 4	1.805 1	13.447 0	0.199 0	3.093 6
PER	195	0.948 2	0.887 9	3.380 6	0.000 8	0.784 7
ln（*ASS*）	195	10.723 1	11.681 5	16.143 6	3.761 2	4.052 0
ln（*RD*）	195	5.739 3	7.006 2	10.892 8	0.000 0	3.532 4
ln（*FDI*）	195	1.818 4	1.315 8	8.104 1	-4.641 2	2.578 0
MAR	195	0.355 8	0.224 3	1.000 0	0.004 0	0.355 4

附表 8 宁夏数据描述性分析

变量	样本量	均值	中位数	最大值	最小值	标准差
RIC	195	42.734 4	31.582 7	51.000 0	4.105 6	38.749 7
ERS	195	2.228 1	0.896 7	13.712 2	0.025 9	3.037 4

续表

变量	样本量	均值	中位数	最大值	最小值	标准差
DIC	195	1.400 6	0.805 0	7.141 8	0.011 9	1.620 0
PER	195	1.258 9	0.533 6	6.947 8	0.001 2	1.661 7
ln（*ASS*）	195	8.193 8	10.931 4	16.187 5	3.887 7	5.826 3
ln（*RD*）	195	5.885 9	7.624 5	10.495 3	−2.150 3	3.781 2
ln（*FDI*）	195	0.993 4	1.345 0	4.178 2	−2.963 8	1.044 0
MAR	195	0.422 0	0.316 4	1.000 0	0.000 0	0.391 9

附表 9　　内蒙古数据描述性分析

变量	样本量	均值	中位数	最大值	最小值	标准差
RIC	195	44.407 8	45.761 4	97.361 6	4.257 3	20.636 6
ERS	195	2.776 6	1.585 0	14.309 1	0.017 9	4.444 2
DIC	195	1.723 3	1.408 9	6.107 3	0.008 3	1.517 7
PER	195	4.730 5	2.820 0	26.480 0	0.020 0	5.164 2
ln（*ASS*）	195	12.612 6	13.151 8	17.596 3	6.338 0	3.123 3
ln（*RD*）	195	7.283 1	7.716 8	11.837 5	0.708 6	2.589 8
ln（*FDI*）	195	3.588 5	3.706 8	9.022 5	−2.743 4	2.748 7
MAR	195	0.526 4	0.556 1	1.000 0	0.023 6	0.336 3

附表 10　　四川数据描述性分析

变量	样本量	均值	中位数	最大值	最小值	标准差
RIC	195	43.151 5	44.860 0	98.100 0	9.180 0	17.040 5
ERS	195	2.775 5	1.698 4	13.135 4	0.280 7	2.734 4
DIC	195	1.071 3	1.032 3	9.585 4	0.048 1	0.865 0
PER	195	9.438 6	4.140 0	47.653 7	0.084 5	10.564 0
ln（*ASS*）	195	13.587 3	13.711 3	17.476 1	9.213 7	1.830 1
ln（*RD*）	195	7.868 3	8.895 0	11.363 0	3.696 4	3.367 7
MAR	195	0.593 3	0.655 6	1.273 0	0.006 2	0.282 0

附表 11　　甘肃数据描述性分析

变量	样本量	均值	中位数	最大值	最小值	标准差
RIC	195	35.244 6	24.490 0	50.000 0	5.211 2	19.496 8
ERS	195	1.048 7	0.247 4	10.928 7	0.000 0	1.827 1
DIC	195	1.826 9	1.267 3	6.107 0	0.006 5	1.596 2
PER	195	4.188 9	2.666 8	25.129 0	0.002 3	4.348 2
ln（*ASS*）	195	12.487 4	13.065 3	16.301 8	4.442 7	2.390 1
ln（*RD*）	195	6.374 6	7.926 2	11.839 8	1.922 5	3.769 9
ln（*FDI*）	195	4.588 4	4.922 6	10.991 4	−3.061 6	3.095 5
MAR	195	0.352 3	0.451 6	1.000 0	0.000 0	0.185 9

附表 12　　煤炭开采和洗选业数据描述性分析

变量	样本量	均值	中位数	最大值	最小值	标准差
RIC	165	38.197 9	38.016 3	82.123 9	2.268 2	14.713 1
ERS	165	1.669 4	0.943 9	10.928 7	0.060 2	1.998 3

续表

变量	样本量	均值	中位数	最大值	最小值	标准差
DIC	165	2.223 5	1.414 3	6.710 1	0.084 1	1.740 0
PER	165	9.212 8	7.060 4	35.140 0	0.403 2	8.069 1
ln（*ASS*）	165	13.196 7	13.274 2	16.904 9	8.102 0	1.559 6
ln（*RD*）	165	7.675 6	8.001 3	11.837 5	3.135 5	2.285 5
ln（*FDI*）	165	2.003 8	1.691 2	8.452 7	-4.000 0	2.313 8
MAR	165	0.344 0	0.293 9	0.940 0	0.006 2	0.274 8

附表 13　　石油和天然气开采业数据描述性分析

变量	样本量	均值	中位数	最大值	最小值	标准差
RIC	165	47.602 5	53.653 8	100.000 0	5.669 9	30.367 5
ERS	165	3.136 8	0.782 0	16.254 8	0.002 8	3.850 4
DIC	165	1.996 2	0.607 0	11.031 5	0.017 3	2.664 8
PER	165	1.926 8	0.495 4	11.449 4	0.002 9	2.938 2
ln（*ASS*）	165	10.514 7	12.592 4	17.589 6	6.376 3	5.003 8
ln（*RD*）	165	5.319 8	6.354 0	10.885 9	-2.150 3	3.972 4
ln（*FDI*）	165	1.195 2	1.134 2	6.809 5	-7.627 4	2.867 4
MAR	165	0.175 7	0.000 0	1.000 0	0.000 0	0.353 2

附表 14　　黑色金属矿采选业数据描述性分析

变量	样本量	均值	中位数	最大值	最小值	标准差
RIC	165	39.980 0	37.161 2	89.519 7	6.375 1	17.927 4
ERS	165	1.147 5	0.795 6	8.998 9	0.018 2	1.429 0
DIC	165	1.086 4	0.721 2	9.240 1	0.076 4	1.318 1
PER	165	0.998 1	0.456 7	28.800 0	0.006 6	2.709 2
ln（*ASS*）	165	9.399 2	10.285 1	15.414 4	7.553 6	3.758 1
ln（*RD*）	165	3.858 2	4.331 9	10.802 6	-3.455 2	3.517 5
ln（*FDI*）	165	0.267 7	0.000 0	5.817 1	-8.267 7	2.552 1
MAR	165	0.559 7	0.615 3	1.000 0	0.011 9	0.338 9

附表 15　　有色金属采选业数据描述性分析

变量	样本量	均值	中位数	最大值	最小值	标准差
RIC	165	42.279 2	42.784 4	97.361 6	11.446 9	19.487 7
ERS	165	2.357 4	1.646 9	14.921 9	0.001 7	2.783 2
DIC	165	1.850 4	1.290 4	8.871 7	0.002 1	1.837 7
PER	165	1.522 1	1.037 5	8.388 5	0.095 3	1.499 5
ln（*ASS*）	165	10.529 2	11.739 9	14.626 5	1.401 2	3.692 5
ln（*RD*）	165	4.557 3	5.789 5	10.892 8	-3.500 5	3.761 8
ln（*FDI*）	165	0.921 4	0.289 5	5.941 0	-6.803 4	2.274 2
MAR	165	0.451 1	0.496 5	1.000 0	0.025 7	0.350 2

附表 16　　非金属采选业数据描述性分析

变量	样本量	均值	中位数	最大值	最小值	标准差
RIC	165	34.635 9	35.123 4	85.930 0	4.105 6	18.737 5

续表

变量	样本量	均值	中位数	最大值	最小值	标准差
ERS	165	1.070 1	0.745 4	5.240 8	0.000 0	1.142 6
DIC	165	1.284 2	1.076 4	8.425 1	0.025 0	1.228 3
PER	165	0.896 9	0.623 9	4.600 0	0.001 2	0.880 5
ln (*ASS*)	165	10.336 8	10.898 5	14.501 8	2.171 1	2.825 1
ln (*RD*)	165	4.588 0	5.358 9	10.709 8	-2.198 9	3.394 5
ln (*FDI*)	165	0.490 4	0.000 0	6.965 6	-4.827 8	2.279 6
MAR	165	0.523 3	0.503 8	1.017 9	0.012 6	0.347 5

附表 17　　石油加工、炼焦及核燃料加工业数据描述性分析

变量	样本量	均值	中位数	最大值	最小值	标准差
RIC	165	45.587 1	45.352 1	92.422 6	11.292 2	15.150 1
ERS	165	1.843 6	0.686 0	11.835 7	0.004 8	2.527 1
DIC	165	1.858 5	0.813 4	13.447 0	0.004 5	2.147 0
PER	165	1.678 8	0.872 7	20.892 6	0.007 2	2.575 8
ln (*ASS*)	165	11.965 3	12.285 1	15.931 9	2.639 1	2.455 7
ln (*RD*)	165	6.158 5	7.493 3	11.288 5	-1.105 6	3.551 1
ln (*FDI*)	165	3.314 0	3.562 7	8.186 6	-4.482 8	2.859 0
MAR	165	0.440 6	0.377 1	1.273 0	0.050 3	0.371 0

附表 18　　化学原料及化学制品制造业数据描述性分析

变量	样本量	均值	中位数	最大值	最小值	标准差
RIC	165	32.049 3	31.355 6	85.446 3	11.565 3	14.794 1
ERS	165	2.435 5	1.607 1	12.460 9	0.180 0	2.235 1
DIC	165	1.275 9	1.030 6	10.591 7	0.050 9	1.196 0
PER	165	6.584 9	5.678 2	32.011 8	0.477 8	5.681 9
ln (*ASS*)	165	13.574 7	13.699 3	16.357 2	12.123 6	1.835 0
ln (*RD*)	165	8.559 2	9.039 1	12.036 9	6.410 0	2.554 1
ln (*FDI*)	165	4.237 0	4.633 2	9.062 7	-1.334 2	2.381 8
MAR	165	0.480 4	0.461 3	1.000 0	0.084 1	0.272 2

附表 19　　化学纤维制造数据描述性分析

变量	样本量	均值	中位数	最大值	最小值	标准差
RIC	165	26.185 6	19.651 5	100.000 0	4.459 5	25.475 6
ERS	165	2.355 2	0.357 0	13.932 8	0.161 7	3.191 4
DIC	165	0.576 6	0.063 3	9.456 2	0.019 3	1.279 4
PER	165	0.610 5	0.040 0	22.810 3	0.011 6	2.056 1
ln (*ASS*)	165	7.312 6	8.917 3	14.412 4	2.197 2	4.588 1
ln (*RD*)	165	2.876 4	0.000 0	10.301 6	0.708 5	3.260 9
ln (*FDI*)	165	0.729 8	0.000 0	5.720 6	-2.935 7	1.686 2
MAR	165	0.432 6	0.356 4	1.000 0	0.000 0	0.431 8

附表 20　　非金属矿物制品数据描述性分析

变量	样本量	均值	中位数	最大值	最小值	标准差
RIC	165	32.332 5	31.940 0	89.542 1	5.775 7	14.860 6
ERS	165	1.338 4	0.896 7	11.698 8	0.112 8	1.608 2
DIC	165	1.330 0	0.941 3	9.585 4	0.176 1	1.569 1
PER	165	7.131 0	5.853 6	32.220 0	0.726 5	6.240 6
ln（*ASS*）	165	13.260 7	13.366 8	16.239 6	8.721 1	1.538 7
ln（*RD*）	165	7.557 2	8.048 8	11.231 5	-0.358 7	2.433 2
ln（*FDI*）	165	3.765 0	4.083 0	8.974 3	-2.680 1	2.319 6
MAR	165	0.649 4	0.734 0	1.122 7	0.213 7	0.261 7

附表 21　　黑色金属冶炼及压延加工数据描述性分析

变量	样本量	均值	中位数	最大值	最小值	标准差
RIC	165	32.648 5	31.676 4	82.218 9	4.067 3	14.658 6
ERS	165	1.919 6	1.205 4	32.661 7	0.170 4	3.262 2
DIC	165	1.194 0	1.011 0	5.089 0	0.269 3	0.716 3
PER	165	6.673 7	4.493 0	47.653 7	0.715 8	7.667 6
ln（*ASS*）	165	13.494 0	13.558 2	16.625 8	11.318 2	1.625 9
ln（*RD*）	165	8.674 2	8.937 3	11.396 9	1.102 9	2.207 4
ln（*FDI*）	165	4.430 7	4.857 9	8.970 7	-1.660 1	2.477 4
MAR	165	0.437 0	0.380 4	1.000 0	0.077 0	0.300 5

附表 22　　有色金属冶炼及压延加工数据描述性分析

变量	样本量	均值	中位数	最大值	最小值	标准差
RIC	165	38.802 1	37.417 5	100.000 0	2.784 8	17.459 8
ERS	165	2.683 8	2.030 3	12.626 2	0.042 7	2.415 9
DIC	165	2.162 0	1.698 2	10.974 4	0.006 4	1.712 7
PER	165	4.548 3	3.590 0	25.129 0	0.011 7	4.011 5
ln（*ASS*）	165	13.301 7	13.465 3	16.591 7	9.533 9	1.601 3
ln（*RD*）	165	8.514 8	9.176 2	11.839 8	-0.119 4	2.820 7
ln（*FDI*）	165	4.287 6	4.561 2	8.970 7	-1.145 5	2.611 1
MAR	165	0.459 8	0.472 7	0.988 9	0.056 2	0.270 9

附表 23　　金属制品业数据描述性分析

变量	样本量	均值	中位数	最大值	最小值	标准差
RIC	165	30.090 2	27.455 5	89.754 0	7.977 3	12.014 8
ERS	165	2.532 1	0.580 8	13.874 2	0.001 9	3.601 9
DIC	165	1.397 0	0.436 2	10.770 0	0.128 9	2.418 7
PER	165	1.615 6	1.015 7	9.980 0	0.017 3	1.755 2
ln（*ASS*）	165	11.305 1	10.969 8	14.750 5	8.125 6	1.146 7
ln（*RD*）	165	6.421 9	7.116 0	11.321 1	-1.517 9	2.689 8
ln（*FDI*）	165	2.700 2	2.682 4	8.139 2	-3.689 0	2.100 6
MAR	165	0.630 5	0.745 7	1.057 4	0.067 1	0.321 6

附表 24　　电力、热力生产供应业数据描述性分析

变量	样本量	均值	中位数	最大值	最小值	标准差
RIC	165	41.764 2	39.141 6	83.653 9	4.257 4	19.690 6
ERS	165	3.150 5	1.602 1	40.309 1	0.058 8	4.524 6
DIC	165	1.996 8	1.292 4	10.320 0	0.174 1	1.877 9
PER	165	7.780 0	5.876 4	323.562 1	0.115 9	25.041 7
ln (*ASS*)	165	15.184 4	15.106 3	17.596 3	8.467 1	1.212 5
ln (*RD*)	165	8.292 7	8.636 6	11.497 9	5.118 7	2.379 2
ln (*FDI*)	165	4.209 3	4.776 7	10.991 4	-2.113 7	3.077 2
MAR	165	0.131 0	0.062 6	0.996 9	0.130 4	0.180 5

参 考 文 献

［1］高新才，何苑．创新资源型产业发展模式推进西部产业开发［J］．青海社会科学，2007（4）：50-55.

［2］邢天添．西部地区资源开发补偿机制优化研究［J］．中央财经大学学报，2011（1）：16-20.

［3］高新才，童长凤．区域创新悖论突破——欠发达区域的选择［J］．社会科学家，2008（4）：56-60.

［4］张复明．资源型经济理论解释内在机制与应用研究［M］．北京：中国社会科学出版社，2007：22.

［5］张连业．资源型产业集群可持续发展研究［D］．西北大学：博士学位论文，2007：35-37.

［6］Marshall. A. Principles of Economics［M］. London：Macmillan. 1920.

［7］植草益．微观规制经济学［M］．北京：中国发展出版社，1992：38.

［8］丹尼尔·F·史普博．管制与市场（余晖等译）［M］．上海：上海人民出版社，1999：28.

［9］赵敏．环境规制的经济学理论根源探究［J］．经济问题探索，2013（4）：152-155.

［10］Weitxman M L，Prices vs. Quantities［J］. Review of Economic Studies. 1974，41（4）：477- 491.

［11］Hockenstein. The Political of Environmental Regulation：Towards a Unifying Framework［J］. Journal of Political Economy，1991，39（2）：137-175.

［12］彭海珍，任荣明．环境政策工具与企业竞争优势［J］．中国工业经济，2003，7（7）：75-82.

［13］Hahn R W. Market Power and Transferable Property Rights［J］. Quarterly Journal of Economics. 1984, 99 (4): 753-765.

[14] OECD. 环境经济手段应用指南 [M]. 北京: 中国环境科学出版社,1994: 12-13.

[15] Atkinson S E, Lewis D H. A Cost effectiveness Analysis of Alternative Air Quality Control Strategies [J]. Journal of Environmental Economics and Management, 1974, 1 (3): 237-250.

[16] Mc Gartland A M. A Comparison of Two Marketable Discharge Permits Systems [J]. Journal of Environmental Economics and Management, 1988, 15 (1): 35-44.

[17] Malueg David A. Emission Credit Trading and the Incentive to Adopt New Pollution Abatement Technology [J]. Journal of Environmental Economics and Management, 1989, 16: 52-57.

[18] Baumol W J. Oates W E. The Theory of Environmental Policy [M]. Cambridge, England: Cambridge University Press, 2004: 286-287.

[19] 赵玉民, 朱方明, 贺立龙. 环境规制的界定、分类与演进研究 [J]. 中国人口·资源与环境, 2009, 19 (6): 85-89.

[20] 鲜于玉莲. 中国环境规制体制改革研究 [D]. 辽宁: 辽宁大学博士论文, 2010: 15-16.

[21] 马云译. 规制经济学 [M]. 北京: 经济管理出版社, 2008: 47.

[22] 蔡昉, 王德文, 王美艳. 工业竞争力与比较优势——WTO 框架下提高我国工业竞争力的方向 [J]. 管理世界, 2003 (2): 58-64.

[23] 周燕, 齐中英. 产业竞争力及其来源分析 [J]. 商业研究, 2004, 292 (8): 26-27.

[24] 林毅夫, 李永军. 比较优势、竞争优势与发展中国家的经济发展 [J]. 管理世界, 2003 (7): 21-31.

[25] 张铁男, 罗晓梅. 对产业国际竞争力分析框架的理论研究 [J]. 工业技术经济, 2005, 24 (7): 49-50.

[26] Bolotho, A. The Assessment: International Competitiveness [J]. Oxford Review of Economic Policy, 1996, 12 (3): 16.

[27] 金碚. 产业国际竞争力研究 [J]. 中国工业经济, 1996 (11): 39-46.

[28] Chaudhuri S, Ray S. The Competitiveness Conundrum: Literature Review and Reflections [J]. Economic and Political Weekly, 1997, (29): 83-91.

[29] 李春林等. 区域产业竞争力：理论与实证 [M]. 北京：冶金工业出版社，2005：30.

[30] 陈晓声. 产业竞争力的测度与评估 [J]. 上海统计，2001 (11)：45-47.

[31] 徐晓慧，王云霞. 规制经济学 [M]. 北京：知识产权出版社，2009：22-24.

[32] Stigler, G. J., The Theory of Economic Regulation [J]. Bell Journal of Economic and Management Science, 1971, 2 (1): 3-21.

[33] Peltzman. S. Toward. A More General Theory of Regulation [J]. Journal of Law and Economics, 1976, 19 (2): 211-241.

[34] Becker, G. S. A Theory of Competition among Pressure Groups for Political Influence [J]. Quaterly Journal of Economics, 1983, 98 (3): 371-400.

[35] 马云泽. 规制经济学 [M]. 北京：经济管理出版社，2008：47.

[36] 马歇尔. 经济学原理 [M]. 北京：商务印书馆，1997.

[37] 彭飞. 新经济地理学论纲：原理、方法及应用 [M]. 北京：中国言实出版社，2007：29-30.

[38] Krugma, P. Increasing Returns and Economic Geography [J]. Journal of Political Economy. 1991, 99 (3): 483-499.

[39] 张会恒. 论产业生命周期理论 [J]. 财贸研究，2004 (6)：7-11.

[40] William J. Abernathy & James M. Utter back Patterns of innovation in technology [J]. Technology Review, 1978, 80 (7): 1-47.

[41] Gort, Michael & Klepper, Steven. Time Paths in the Diffusion of Product Innovation [J]. The Economic Journal, 1982 (92): 630-653.

[42] Klepper, Graddy. The Evolution of New Industries and the Determinants of Market Structure [J]. RAND Journal of Economics, 1990, 21 (1): 27-44.

[43] Agarwal, Rajshree and Gort, Michael. The Evolution of Markets and Entry, Exit and Survival of Firms [J]. Review of Economics and Statistics, 1996, 78 (3): 489-498.

[44] 白云朴. 环境规制背景下资源型产业发展问题研究 [D]. 陕西：西北大学博士学位论文，2013：31.

[45] 卡逊. 寂静的春天 [M]. 长春：吉林人民出版社，1997.

[46] Pearce, D W, Warford J. World without End; Economies. Environment and Sustainable Development [M]. New York: Oxford University Press. 1993.

[47] Meadows D H, Randers J, Behrens W. The Limits to Growth [M]. London: Earth Island. 1972.

[48] 陆大道. 樊杰. 区域可持续发展研究的兴起与作用 [J]. 中国科学院院刊, 2012, 27 (3): 290-300.

[49] Grossman G M, Krueger A B. Environmental Impacts of a North American Free Trade Agreement [C]. National Bureau of Economic Research Working Paper 3914, NBER, Cambridge MA. 1991: 3914.

[50] Gene M. Grossman, Alan B. Krueger. Economic Growth and the Environment [J]. The Quarterly Journal of Economics, 1995, 110 (5): 353-377.

[51] Panayotou T. Empirical Test sand Policy Analysis of Environmental Degradation at Different Stages of Economic Development [C]. Working Paper WP238, Technology and Employment Programme, International Labor Office, Geneva. 1993: 238.

[52] Arrow, K., Bolin, B., Costanza, R., Folke, C., Holling, C. S., Janson, B., Levin, S., Maler, K., Perrings, C., and Pimental, D. "Economic growth, Carrying Capacity, and the Environment" [J]. Science 1995, 15 (1): 91-95.

[53] Shafik, N. Economic Development and Environmental Quality-An Econometric Analysis [J]. Oxford Economic Papers, 1994 (46): 757-773.

[54] Perman, R. Stern, D. I. Evidence from Panel Unit Root and Cointegration Tests That the Environmental Kuznets Curve Does not Exist [J]. Australian Journal of Agricultural and Resource Economics, 2003 (47): 325-347.

[55] 张成, 朱乾龙, 于同申. 环境污染和经济增长的关系 [J]. 统计研究, 2011, 28 (1): 59-67.

[56] 张红凤. 制约、双赢到不确定性——环境规制与企业竞争力相关性研究的演进与借鉴 [J]. 财经研究, 2008, 34 (7): 16-26.

[57] Porter, Michael E. America's Green Strategy [J], Scientific American, 1991 (4): 1-5.

[58] Porter M E, Linde C V. Toward a New Conception of the Environment Relationship [J]. Journal of Economic Perspectives, 1995, 9 (4): 97-118.

[59] Slater J, Angel I T. The Impact and Implications of Environmentally Linked Strategies on Competitive Advantage: A Study of Malaysian Companies [J]. Journal of Business Research, 2000, 47 (1): 75-89.

［60］Warhurst M. Environmental Regulation, Innovation and Competitiveness-Making the Link［J］. HESA Newsletter. 2005（28）：28-32.

［61］Walter, I. & J. Ugelow. Environmental Policies Countries［J］. Ambio, 1979（8）：102-109.

［62］王军．外国直接投资、环境管制与国际竞争力［J］．世界经济研究,2005（12）：4-10.

［63］Baumol, W. J. & W. Oates. The Theory of Environmental Policy［M］. Cambridge：Cambridge University Press, 1988：299-323.

［64］Copeland, B. R. & Taylor, M. S. Trade and Trans boundary Pollution［J］. American Economic Review, 1995（85）：716-737.

［65］Copeland, B. R. & Taylor, M. S. A Simple Model of Trade, Capital Mobility, and the Environment［C］. NBER Working Paper 5898, 1997.

［66］Cole, M. A. And Elliott, R. J. R. FDI and the Capital Intensity of "Dirty" Sectors：A Missing Piece of the Pollution Haven Puzzle［J］. Review of Development Economics, 2005（9）：530-548.

［67］Taylor, M. S. Unbundling the Pollution Haven Hypothesis［M］. In Fullerton, D. ed. The Economics of Pollution Havens. Elgar Publishers, 2006.

［68］Smarzynska B. K. And Wei Shang-Jin. Pollution Havens and Foreign Direct Investment：Dirty Secret or Popular Myth. in Fullerton, D. ed［M］. The Economics of Pollution Havens, Elgar Publishers, 2006.

［69］姚洪心，海闻．相关市场、生态倾销与最优战略环境政策［J］．经济学，2012，11（4）：1390-1402.

［70］汪戎，郑逢波，张强．转变资源型产业发展方式的路径探索［J］．管理世界，2012（5）：152-156.

［71］李文君，杨明川，史培军．唐山市资源型产业结构及其环境影响分析［J］．地理研究，2002，21（4）：511-519.

［72］高新才，何苑．创新资源型产业发展模式［J］．青海社会科学，2007（4）：50-55.

［73］史俊宏，赵立娟．资源型区域产业转型与可持续发展研究［J］．干旱区资源与环境，2008（3）：47-48.

［74］郝世绵．产业集群的负外部性及其治理［J］．华东经济管理，2007，21（11）：79-82.

［75］朱英明，杨连胜，吕慧君．资源短缺、环境损害及其产业集聚效研

究［J］．管理世界，2012（11）：28-44.

［76］ United Nations Industrial Organization. Industrial Development Report 2002/2003：Competing Through Innovation and Learning［R］．New York：Industrial Development Organization，2002：125-128.

［77］ Carlos Montavo Corral. Sustainable Production and Consumption Systems Cooperation for Change：Assessing and Simulating the Willingness of the Firm to Adopt/develop Cleaner Technologies：the Case of the In-Bond Industry in Northern Mexico［J］．Journal of Cleaner Production，2003（11）：411-426.

［78］ Collados，Duane. Natural Capital and Quality of Life：A model for evaluating the Sustainability of A Interactive Regional Development Paths［J］．Ecological Economics，1999（30）：441-460.

［79］唐浩，蒋永穆．基于转变经济发展方式的产业链动态演进［J］．中国工业经济，2009（5）：14-24.

［80］张复明．工矿区域城市化模式研究——以山西省为例［J］．经济地理，2001，21（4）：418-422.

［81］张伟．资源环境约束与资源型经济发展［J］．当代财经，2008（10）：23-29.

［82］张思锋，沈志江．资源型城市能源产业可持续发展评价模型构建及应用［J］．兰州大学学报（社会科学版），2011，39（6）：87-91.

［83］张建斌．资源型产业集群可持续发展的路径选择——基于生态学产业集群“S”型增长模型的思考［J］．科技进步与对策，2012，29（19）：51-54.

［84］ R. M. Auty. Sustaining Development in Mineral Economics：The Resource Curse Thesis［M］. Rout ledge，1993.

［85］ Wright Gavin. The Origins of American Industrial Success，1879-1940［J］．American Economic Review，1990.

［86］ Mehlum，Moene，Torvik. Institutions and the Resource Curse［J］．working paper. University of Oslo，2002.

［87］ J. Lay，T. O. Mahmoud. Bananas，Oil and Development：Examining the Resource Curse and Its Transmission Channels by Resource Type［J］．Kiel Working Paper，2004.

［88］徐康宁，邵军．自然禀赋与经济增长：对“资源诅咒”命题的再检验［J］．世界经济，2006（11）：38-47.

[89] Holder, Roland. The Curse of Natural Resources in Fractional Countries [J]. European Economic Review, 2006 (12): 1367-1386.

[90] Papyrakis, Gerlagh. Resource Abundance and Economic Growth in United States [J]. European Economic Review, 2006 (4): 253-282.

[91] Stijns, J. Philippe. Natural Resource Abundance and Economic Growth Revisited [J]. Resources Policy, 2005 (30): 107-130.

[92] 徐康宁，韩剑．中国区域经济的“资源诅咒”效应：地区差距的另一种解释 [J]．经济家，2005 (6): 96-102.

[93] 赫尔曼·戴利．超越增长：可持续发展的经济学 [M]．上海：上海译文出版社，2001.

[94] Miller RE, Blair P D. Input-output Analysis: Foundations and Extensions [J]. Englewood Cliffs. 1985: 200-227.

[95] 敬莉，张胜达．基于资源型区域的新疆产业结构调整与可持续发展 [J]．新疆大学学报（哲学·人文社会科学版），2012，40 (2): 18-22.

[96] Jorgenson. D. J, Wilcoxen. P. J. Environmental Regulation and U. S Economic Growth [J]. The Rand Journal of Economics, 1990, 21 (2): 314-340.

[97] Hamamoto. M. Environmental Regulation and Productivity of Japanese Manufacturing Industries [J]. Resource and Energy Economics, 2006 (28): 299-312.

[98] 王凯．环境规制对我国工业行业出口竞争力的影响——以污染密集型行业为例 [J]．价格理论与实践，2012 (1): 80-82.

[99] K. Palmer. Environmental Regulation and Innovation: A Panel Data Study [R]. Working Paper, Cambridge, Mass: National Bureau of Economics Research. 1995.

[100] Simpson R. D. and Bradford R. L. Taxing Variable Cost: Environmental Regulation as Industrial Policy [J]. Journal of Environmental Economics and Management, 1996.

[101] Michael Porter. The Competitive Advantage of Nations [M]. New York: Free Press. 1991.

[102] Porter, M. E. and Vander Linder. Toward a New Conception of the Economy-Competitiveness Relationship [J]. Journal of Economic Perspectives, 1995: 9.

[103] Eliste, P. and Fedriksson, P. G.. The Political Economy of Environmental Regulations, Government Assistance and Foreign Trade: Theory and Evi-

dence [M]. Washington: Mimeo, 1998.

[104] Jaffe. A, Environmental Regulation and the Competitiveness of U. S.. Manufacturing: What Does the Evidence Tell Us? [J]. Journal of Economic Literature, 1995 (33): 132-163.

[105] Lanoie P, Patry M, Lajeunesse R. Environmental Regulation and Productivity: New Findings on the Porter Hypothesis [R]. Working Paper, 2001.

[106] 王杰，刘斌．环境规制与企业全要素生产率——基于中国工业企业数据的经验分析［J］．中国工业经济，2014（3）：44-56.

[107] 蔡宁，吴婧文，刘诗瑶．环境规制与绿色工业全要素生产率——基于我国30个省市的实证分析［J］．辽宁大学学报（哲学社会科学版），2014，42（1）：65-73.

[108] 王国印，王动．环境规制对企业技术创新影响的实证研究——基于波特假说的区域比较分析［J］．中国经济问题，2011（1）：72-79.

[109] 蒋伏心，王竹君，白俊红．环境规制对技术创新影响的双重效应——基于江苏制造业动态面板数据的实证研究［J］．中国工业经济，2013（7）：44-55.

[110] 朱平芳，张征宇，姜国麟．FDI与环境规制：基于地方分权视角的实证研究［J］．经济研究，2010（6）：133-145.

[111] 刘朝，韩先锋，宋文飞．环境规制强度与外商接投资的互动机制［J］．统计研究，2014，31（5）：32-40.

[112] 李雨潼．我国资源型城市产业转型问题研究［D］．长春：吉林大学图书馆，2007.

[113] 徐凌，张继．公共政策分析［M］．长沙：湖南人民出版社．2004：3.

[114] 张伟．西部地区资源型产业集群化发展分析［J］．统计与决策，2008（20）：107-109.

[115] 王洛林，魏后凯．中国西部大开发政策［M］．北京：经济管理出版社，2003.

[116] 赵曌，石敏俊．市场潜力与西部地区资源开发［J］．经济地理，2008，28（6）：1053-1063.

[117] 白永秀，赵伟．新一轮西部大开发的背景、特点及其措施［J］．经济体制改革，2010（5）：133-136.

[118] 雎国余，李心愉，李杰等．资源枯竭型城市的转型刻不容缓［J］．

经济导刊，2007（2）：64-65.

［119］刘世锦．产业集聚及其对经济发展的意义［J］．改革，2003（3）：64-68.

［120］王珺．衍生型集群：珠江三角洲西岸地区产业集群生成机制研究［J］．管理世界，2005（8）：80-86.

［121］J. 穆勒．政治经济学原理（上卷）［M］．北京：商务印书馆，1997：155.

［122］Haggett P. Location Analysis in human Geography［M］．London：Edward Arnold Ltd. 1965：33-40.

［123］唐德才．工业化进程、产业结构与环境污染-基于制造业行业的区域的面板数据模型［J］．软科学，2009（10）：6-11.

［124］王京滨．中国的产业结构调整与环境保护［J］．攀登，2010（4）：7-18.

［125］诺顿．中国经济：增长与转型［M］．上海：上海人民出版社，2010.

［126］周黎安，罗凯．企业规模与创新：来自中国省级水平的经验数据［J］．经济学（季刊），2005，4（3）：623-638.

［127］孙早，王文．产业所有制结构变化对产业绩效的影响——来自中国工业的经验证据［J］．管理世界，2011（8）：66-78.

［128］韩朝华，周晓艳．国有企业利润的主要来源及其社会福利含义［J］．中国工业经济，2009（6）：17-26.

［129］彭海珍，任荣明．所有制结构与环境业绩［J］．中国管理科学，2004（6）：136-140.

［130］孙早，王文．产业所有制结构变化对产业绩效的影响——来自中国工业的经验证据［J］．管理世界，2011（8）：66-78.

［131］雷少刚，卞正富．西部干旱区煤炭开采环境影响研究进展［J］．2014，34（0）：2837-2843.

［132］梅冠群．我国“资源诅咒”形成的条件与路径研究［D］．天津：南开大学博士论文，2014：118.

［133］曾祥坤，邓翔，邹书波．贵州矿产资源型产业发展的思考［J］．贵州社会科学，2013，279（3）：90-94.

［134］徐康宁，王剑．自然资源丰裕程度与经济发展水平关系的研究［J］．经济研究，2006，（1）：78-89.

[135] 施祖麟，黄治华．“资源诅咒”与资源型地区可持续发展［J］．中国人口·资源与环境，2009（5）：33-36.

[136] 冯宗宪，姜昕，王青．中国省际层面“资源诅咒”问题的再检验［J］．中国人口·资源与环境，2010（10）：129-136.

[137] 张复明，景普秋．资源型经济的形成：自强机制与个案研究［J］．中国社会科学，2008（5）：117-131.

[138] 邵帅，齐中英．西部地区的能源开发与经济增长——基于“资源诅咒”假说的实证分析［J］．经济研究，2008（04）：147-160.

[139] 徐康宁．自然资源丰裕度与经济发展水平关系研究［J］．经济研究，2006（1）：78-88.

[140] Gylfason T，Zoega G. Natural Resources and Economic Growth：The Role of Investment［J］. The World Economy，2006，29（8）：1091-1115.

[141] Papyrakis E，Gerlagh R. Resource Windfalls，Investment，and Long-Term Income［J］. Resources Policy，2006，31（2）：117-128.

[142] Ohlin B. Inter Regional and International Trade［M］. Cambridge：Harvard University Press. 1957.

[143] 于左，于立．中国资源型国有企业组织形式演变规律分析［J］．经济管理，2005（8）：30-36.

[144] 王文普．环境规制的经济效应研究——作用机制与中国实证［D］．山东：山东大学博士学位论文，2012：38-40.

[145] 方巧云．环境规制对产品国际竞争力的影响分析［D］．浙江：浙江工业大学硕士学位论文，2006：18-21.

[146] 张嫚．环境规制与企业行为间的关联机制研究［J］．财经问题研究，2005（4）：34-39.

[147] 徐敏燕，左和平．集聚效应下环境规制与产业竞争力关系研究——基于“波特假说”的再检验［J］．中国工业经济，2013（3）：72-84.

[148] 蒋伏心，王竹君，白俊红．环境规制对技术创新影响的双重效应——基于江苏制造业动态面板数据的实证研究［J］. 2013（7）：44-55.

[149] 金碚．企业竞争力测评的理论与方法［J］．中国工业经济，2003（3）：5-13.

[150] Low P. and A. Yeats. “Do Dirty Indutries Migrate?” in P. Low，ed.，International Trade and the Environment［R］. World Bank Discussion Papers，1992.

[151] Sorsa，Competitiveness and Environmental Polices on Patterns of World

Trade: An Empirical Test [J]. 1994.

[152] 张其仔，李颢．中国产业竞争力走势分析——2012 皮书 [C]．产业蓝皮书，2012：1-2.

[153] 汪莹．产业竞争力理论研究述评 [J]．江淮论坛，2008 (2)：29-38.

[154] 陈志，董敏杰，金碚．产业竞争力研究进展评述 [J]．经济管理，2009 (9)：30-39.

[155] 侯伟丽，方浪．环境管制对中国污染密集型行业企业竞争力[J]．中国人口·资源与环境，2012，22 (7)：67-72.

[156] 王文普．环境规制、空间溢出与地区产业竞争力 [J]．中国人口·资源与环境，2013，23 (8)：123-130.

[157] 周生贤．加快推进历史性转变，努力开创环境保护工作新局面——周生贤在 2006 年全国环保厅局长会议上的讲话 [J]．环境保护，2006，34 (9)：4-15.

[158] Jaffe, B. A., Peterson, S. R., Portney, P. R., Stavins, R. N. Environ-Mental Regulation and the Competitivenss of US Manufacturing: What Dose the Evidence Tell Us? [J]. Journal of Economay Literal. 1995, 33 (1): 132-164.

[159] 李怀政．环境规制、技术进步与出口贸易扩张——基于我国 28 个工业大类 VAR 模型的脉冲响应与方差分解 [J]．国际贸易问题，2011 (12)：130-137.

[160] Cole M A, Ellioot R J R. Determining the Trade-environment Composition Effect: the Role of Capital, Labor and Environmental Regulations [J]. Journal of Environmental Economics and Management, 2003, 46 (3): 363-383.

[161] Copeland B R, Taylor M S. International Trade and Environment: Theory and Practice [M]. Princeton University Press. 2004.

[162] 肖红，郭丽娟．中国环境保护对产业国际竞争力的影响分析[J]．国际贸易问题，2006 (12)：92-96.

[163] 张成，陆旸，郭路等．环境规制强度和生产技术进步 [J]．经济研究，2011 (2)：113-124.

[164] 傅京燕，李丽莎．环境规制、要素享赋与产业国际竞争力的实证研究——基于中国制造业的面板数据 [J]．管理世界，2010 (10)：87-99.

[165] 曲如晓．环境保护与国际竞争力关系的新视角 [J]．中国工业经济，2001 (9)：59-64.

［166］曾凡银．基于环境的我国国际竞争力的提升机制研究［J］．中共济南市委党校学报，2007（3）：4-9.

［167］赵红．环境规制对中国产业技术创新的影响［J］．经济管理，2007（21）：57-61.

［168］董敏杰，梁泳梅，李钢．环境规制对中国出口竞争力的影响——基于投入—产出表的分析［J］．中国工业经济，2011（3）：57-67.

［169］董敏杰．环境规制对中国产业国际竞争力的影响［D］．北京：中国社会科学院研究生院博士学位论文，2011：113-114.

［170］许冬兰，董博．环境规制对技术效率和生产力损失的影响分析［J］．中国人口·资源与环境，2012（5）：70-82.

［171］张文彬，张理芃，张可云．中国环境规制强度省际竞争形态及其演变——基于两区制空间 Durbin 固定效应模型的分析［J］．管理世界，2010（12）：34-44.

［172］苏梽芳，廖迎，李颖．是什么导致了“污染天堂”：贸易还是 FDI？——来自中国省级面板数据的证据［J］经济评论，2011（3）：97-103.

［173］赵霄伟．环境规制、环境规制竞争与地区工业经济增长——基于空间 Durbin 面板模型的实证研究［J］．国际贸易问题，2014（7）：82-92.

［174］傅京燕，李丽莎．境规制、要素禀赋与产业国际竞争力的实证研究——基于中国制造业的面板数据［J］．管理世界，2010（10）：87-99.

［175］徐敏燕，左和平．集聚效应下环境规制与产业竞争力关系研究——基于“波特假说”的再检验［J］．中国工业经济，2013（3）：72-84.

［176］李晓钟，张小蒂．外商直接投资对中国技术创新能力影响及地区差异分析［J］．中国工业经济，2008（9）：77-87.

［177］邵帅，齐中英．西部地区的能源开发与经济增长——基于“资源诅咒”假说的实证分析［J］．经济研究，2008（4）：147-160.

［178］傅京燕．环境成本内部化与产业国际竞争力［J］．中国工业经济，2002（6）：37-44.

［179］赵细康．环境保护与产业国际竞争力理论与实证分析［M］．北京：中国社会科学出版社，2003：378-380.

［180］于巍．环境规制对中国制造业产业绩效的影响研究［D］．大连：理工大学硕士论文，2010：1-5.

［181］傅京燕，李丽莎．环境规制、要素禀赋与产业国际竞争力的实证研究——基于中国制造业的面板数据［J］．管理世界，2010（10）：87-98.

［182］沈能．环境效率、行业异质性与最优规制强度——中国工业行业面板数据的非线性检验［J］．中国工业经济，2012（3）：56-68.

［183］唐杰英．垂直专业化、环境规制和中国工业的贸易竞争力［J］．世界经济研究，2013（7）：52-58.

［184］涂红星，肖序．行业异质性、效率损失与环境规制成本——基于DDF中国分行业面板数据的实证分析［J］．云南财经大学学报，2014（1）：21-29.

［185］唐丽娟，袁芸．论环境规制对农业企业竞争力的影响及传导机制［J］．农村经济，2014（2）：31-34.

［186］白雪洁，宋莹．环境规制、技术创新与中国火电行业的效率提升［J］．中国工业经济，2009（8）：68-77.

［187］张各兴，夏大慰．所有权结构、环境规制与中国发电行业的效率——基于2003～2009年30个省级面板数据的分析［J］．中国工业经济，2011（6）：130-140.

［188］马建平，蔡宏波，王雪坤．要素密集度、环境属性与中国工业制品出口结构［J］．经济经纬，2012（4）：41-45.

［189］张慧明，李廉水，孙少勤．环境规制对中国重化工业技术创新与生产效率影响的实证分析［J］．科技进步与对策，2012，29（16）：83-87.

［190］黄慧婧．环境规制对中国纺织业国际竞争力影响的实证研究［J］．湖北文理学院学报，2014，35（6）：40-46.

［191］Elisabeth B，Marina H，Joachim L，Yvonne K，Alois U，Klaus O. The Impact of Mining Activities on the Environment Reflected by Pollen，Charcoal and Geochemical Analyses. Journal of Archaeological Science. 2010（7）：1458-1467.

［192］Otto F. Aspects of Surface and Environment Protection in German Mining Areas. Mining Science and Technology. 2009（5）：615-619.

［193］杜小武，吴晓鸥，马加传等．西部石油天然气产业的发展与现状研究［J］．西安石油大学学报（社会科学版），2008，17（1）：5-9.

［194］云凌志，王凤生．混合寡占之下的负外部性对策：国有化兼并还是行政监管——兼评山西省煤炭业资源重组方案［J］．中国工业经济，2010（1）：124-134.

［195］李勃昕，韩先锋，宋文飞．环境规制是否影响了中国工业R&D创新效率［J］．科学学研究，2013，31（7）：1032-1040.

[196] 赵霄伟. 环境规制、环境规制竞争与地区工业经济增长——基于空间 Durbin 面板模型的实证研究 [J]. 国际贸易问题, 2014 (7): 82-92.

[197] 周芳. 资源型企业可持续发展路径探析 [J]. 生产力研究, 2010 (7): 200.

[198] 杜鹰. 深入贯彻党的十七届五中全会精神努力开创区域协调发展新局面 [J]. 宏观经济管理, 2011 (1): 4-8.

[199] 范恒山. 我国促进区域协调发展的理论与实践 [J]. 经济社会体制比较, 2011 (6): 1-9.

[200] 国家发展改革委地区经济司. 我国区域协调发展取得的成绩与"十二五"的思路建议 [J]. 宏观经济管理, 2009 (11): 17-19.

[201] 杜鹰. 实施区域发展总体战略促进区域协调发展 [J]. 中国经贸导刊, 2011 (7): 5-9.

[202] 覃成林, 郑云峰, 张华. 我国区域经济协调发展的趋势及特征分析 [J]. 经济地理, 2013, 33 (1): 9-14.

[203] 李汝凤, 梁双陆. 区域产业转移与西部资源型经济转型发展[J]. 学术探索, 2014 (6): 66-69.

致　谢

本书是在我博士论文基础上修改出版的。当论文完成最后修改，装订成册的那一刻，心理怅然若失却更加惴惴不安，这似乎与我之前想象的情景完全不一样，记忆中想象了无数次，当我交出完整博士论文的那一刻，应该是喜悦的、是激动的、是兴奋的，但此刻一丝也没有，有的只是对自己三年多所学专业知识的怀疑，有太多的东西还没有来得及仔细揣摩，加以消化，三年的博士学习阶段已经接近尾声，又有太多遗憾充斥胸间，回想博士论文的创作过程，那一个个不眠的夜晚将我一步步推向思考的边缘，一千多个努力奋斗的日子，又怎舍得轻易说声再见。

三年前，我幸运地成为高新才教授的弟子。导师德学双馨，严谨的治学精神和勤勉的工作态度、广博的学识令学生十分景仰和钦佩，带着心中涌起的无比荣誉和自豪感，满怀信心地踏上我三年的博士征途，也成为我日后不断前进的动力源泉，让我在三年的学习中丝毫不敢懈怠，导师就像我人生中的一盏灯，照亮了我知识和思想的盲区，指引了我前进的方向。师恩没齿难忘，导师对我的影响和教导，将让我终身受益匪浅。

从走进兰大那天起，就注定了我和同学们三年的缘分，感谢我的同门师兄昝国江、许瑞泉、张爱儒、师姐白丽飞，师妹杨芳在我论文写作过程中给予的帮助，感谢 2012 级博士班同学丁绪辉、朱泽钢、陈南旭、宗鑫、黄杰、房裕、周涛、吴桢、毛锦凰，是他们陪伴我走过最艰难的岁月，不断给我信心和勇气，正因为有了这些优秀同学的热情帮助和鼓励，才让我不至于掉队，身为他们当中的一员我倍感幸福。感谢姜安印教授、郭爱君教授、汪晓文教授对我论文和学术研究的指导和建议，正因为有了这些老师的不断鞭策和提醒，才能让我在求学的道路上一路走到今天。同时感谢学院办公室陈志莉老师、张和平老师的无私帮助和照顾！

我要感谢我的家人对我全心全意的支持和理解，让我没有后顾之忧的全身心投入到论文的写作中，我的每一点微不足道的进步，在他们眼里都是多么的难能可贵，最让我觉得亏欠的是我快满三岁的女儿，从我怀孕备战考博，到我攻读博士期间，女儿一路陪伴，她的懂事让我更加愧疚难安，女儿总是乖巧地等我回家，还叮嘱我："妈妈，好好学习啊！"博士学习生活，将成为我人生中最宝贵的一笔财富，它教会了我更加独立、顽强地思考，收获的诸多感激将值得我用一生去珍藏！

最后，本书引用和参考了多位作者的研究成果，在此对他们致以崇高的敬意，正因为有了他们严谨、辛勤的劳动，才会让后来者站得更高、看得更远。

马 丽

2015 年 3 月 20 日于兰州大学齐云楼